ROBERT CRAAN

Geheimnisvolle Kultur der Traumzeit

Die Welt der Aborigines

Knaur
MensSana

Besuchen Sie uns im Internet: www.droemer-knaur.de
Alle Titel aus dem Bereich MensSana finden Sie im Internet unter
www.knaur-mens-sana.de

Vollständige Taschenbuchausgabe 2004

Knaur Taschenbuch. Ein Unternehmen der
Droemerschen Verlagsanstalt
Th. Knaur Nachf. GmbH & Co. KG, München
Dieser Titel erschien bereits unter der Bandnummer 77502.

Redaktion: Redaktionsbüro Dr. Andreas Gößling
Umschlaggestaltung: ZERO Werbeagentur, München
Druck und Bindung: Nørhaven Paperback A/S
Printed in Denmark
ISBN 3-426-87228-5

2 4 5 3 1

INHALT

ZWEITER TEIL

EINLEITUNG

Die Mythen der Aborigines sind die ältesten Überlieferungen der Menschheit. Viele ihrer Traumzeitgeschichten wurden schon zu einer Zeit erzählt, als in Europa vom Homo sapiens noch nicht die Rede war, sondern die Neandertaler durch die Weiten unseres Kontinents zogen.

Die Kultur der Aborigines birgt nicht nur die ältesten Überlieferungen des Menschengeschlechts, sie ist auch die wohl am tiefsten von einer natürlichen Spiritualität durchdrungene lebende Kultur der Menschheit. Die Uraustralier sind also eine Spezies von Mystikern, wenn man so will, eine spirituell hochentwickelte Gesellschaft, die seit Zehntausenden von Jahren nach den Gesetzen lebt, die ihnen von den Mächten der Schöpfung offenbart wurden.

Als die Europäer in Australien auftauchten, sahen sie in den Aborigines jedoch nur völlig unzivilisierte »Wilde«, die ohne nennenswerte Kultur wie die Steinzeitmenschen lebten. Man hielt sie für primitiv und geistig unterbelichtet, mehr Tier als Mensch. Entsprechend wurden sie auch behandelt. Man nahm ihnen ihr Land und rottete sie fast aus. Erst im 20. Jahrhundert begriffen die Weißen überhaupt, daß sie es mit einer hochentwickelten Kultur zu tun hatten, deren Wurzeln tiefer in die Geschichte zurückreichen als die aller anderen Völker.

Aber auch heute noch sehen viele Weiße in der aboriginalen Kultur eine primitive Steinzeitgesellschaft, die nicht das geringste mit unserer modernen Welt zu tun hat. Dieses fundamentale Mißverständnis gilt es zunächst einmal auszuräumen, ehe wir uns in den bunten Mythenkosmos der Aborigines begeben werden.

Im zweiten Teil des Buches werden wir in den Traumzeitgeschichten der vielnamigen Regenbogenschlange begegnen, die *Maletji*-Gesetzeshunde, die *Waugeluk*-Schwestern und manch anderen Schöpferischen Ahnen kennenlernen und von den seltsamen Taten der aboriginalen Schamanen erfahren, der *Mekigars* und *Karadjis*. Zuvor aber wollen wir uns im ersten Teil ein paar grundsätzliche Dinge klarmachen, die das weltanschauliche Denken der Aborigines und unsere abendländischen Ansichten über die grundlegende Beschaffenheit der Welt betreffen. Dabei werden wir feststellen, daß die Aborigines in ihrer »Kultur des Traumes« von unterbewußten Verhältnissen wissen, die unsere westliche Psychologie erst im 20. Jahrhundert herausgefunden hat. C. G. Jung entdeckte bekanntlich, daß die Bilder und Symbole, die in bestimmten Träumen aus den allertiefsten Schichten des menschlichen Geistes heraufsteigen, »Offenbarungen der Seele« sind, die Informationen über Wirklichkeiten enthalten, welche sich unserem bewußten Geist niemals eröffnen. Aborigines wissen das seit Zehntausenden von Jahren.

ERSTER TEIL

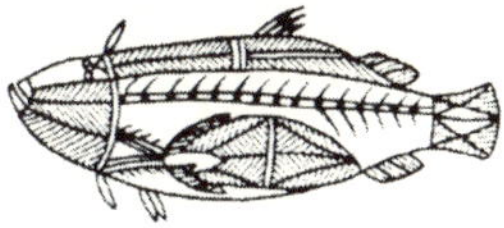

I DIE ÄLTESTE KULTUR DER ERDE

Australien – die Wiege der Menschheit?

Ein junger Aborigine, der eine Schule der Weißen besucht hatte, fragte einmal einen alten, weisen Mann seines Clans, ob es denn stimme, daß das Volk der Aborigines schon seit mehr als fünfzigtausend Jahren in Australien lebt. Der Alte musterte ihn eine Weile und lächelte dann amüsiert: »Natürlich stimmt es nicht. Wir leben schon sehr viel länger hier. Wir sind schon in der Zeit vor der Zeit hier gewesen. Wir sind direkt aus der Traumzeit unserer Schöpferischen Ahnen gekommen, und wir haben hier gelebt und die Erde so erhalten, wie sie am ersten Tag war. Alle anderen Völker der Welt stammen von uns ab.«
Den Worten des Alten kann man glauben oder auch nicht – Tatsache ist jedenfalls, daß unsere Wissenschaftler die Herkunft der Ureinwohner des australischen Kontinents und der anliegenden Inseln bis heute nicht zweifelsfrei klären konnten. Sogar die von den meisten Menschen in unserem Kulturkreis akzeptierte Lehre, daß der Mensch sich im Lauf der Evolution aus dem Affen entwickelt habe, wird von vielen Ureinwohnern dieser Region abgelehnt. In einer Sendung, die von Radio ABC Sydney im Jahr 1990 ausgestrahlt wurde, hat eine Maori-Frau diese Ansicht kurz und bündig so zusammengefaßt: »Die Weißen mögen sich vielleicht aus den Affen entwickelt haben – wir aber nicht.

Wir stammen direkt von den ursprünglichen, allumfassenden Schöpferischen Geistern ab.«

Das sind für westliche Ohren recht wunderliche Äußerungen, denn sie widersprechen dem, was in unseren Schulen und Universitäten über den Ursprung des Menschen gelehrt wird. Und es gibt Forscher, die vom Geheimnisvollen und Andersartigen der Kultur der Aborigines so fasziniert und irritiert sind, daß sie überlegen, ob sie die Evolutionslehre des Charles Darwin über Bord werfen sollen. Auch die Ansicht der Wissenschaftler, daß die Ursprünge der Menschheit in Ostafrika liegen und die Aborigines – auf welchem Weg auch immer – den Kontinent Australien als Abkömmlinge des afrikanischen Urmenschen irgendwann besiedelt haben, wird von manchen Forschern bezweifelt. Sie sehen in den Aborigines so etwas wie einen »Prototypen« des Menschen, aus dem sich dann die verschiedenen Rassen der Menschheit entwickelten.

Ganz so abwegig, wie manche Anthropologen meinen, ist diese Ansicht nicht, denn bei der Urbevölkerung Australiens lassen sich tatsächlich die typischen Merkmale der verschiedenen Menschenrassen der Erde feststellen. Die Hautfarben der Aborigines reichen von einem tiefen Dunkelbraun bis zu Hellbraun, und mancher »schwarze« Australier hat blondes Haar und hellgrüne Augen. Auch ihre Gesichtszüge spiegeln die äußerlichen Eigenarten verschiedener Rassen. Man findet den negriden Typus mit wulstigen Lippen, Kraushaar und breiter Nase ebenso wie den weißen Typus, zu dem die Europäer zählen und der sich durch helle Haut und Körperbehaarung auszeichnet. Auch die markante obere Lidfalte, ein Merkmal der mongoliden Rasse, ist keine Seltenheit.

Hinzu kommt das schier unglaubliche Alter der aboriginalen

Kultur: Noch in den sechziger Jahren war die gängige Lehrmeinung, daß die Aborigines den Kontinent Australien seit etwa 20 000 Jahren bevölkern, doch nach den Funden, die in den letzten dreißig Jahren gemacht wurden, mußte diese Zahl immer weiter nach oben korrigiert werden. Heute vermuten viele Forscher, daß die Aborigines schon seit 50 000 oder gar 70 000 Jahren in Australien leben, und einige Wissenschaftler gehen sogar von über 100 000 Jahren aus. Der Archäologe Gurdip Singh unternahm Ende der siebziger Jahre eine Tiefenbohrung am Lake George in Südaustralien und stellte dabei fest, daß in einer Sedimentschicht, die einem Alter von etwa 120 000 Jahren entspricht, die Menge von verbranntem Holz sprunghaft anstieg. Dafür kann es nach Ansicht des Archäologen nur eine Erklärung geben: Die Aborigines lebten bereits zu dieser Zeit in Australien und begannen, das Feuer zur Jagd zu benutzen. Sie steckten den Busch in Brand, um das Wild herauszutreiben.

Vielleicht wird das Rätsel um ihren Ursprung nie gelöst werden – die ältesten Mythen der Aborigines jedenfalls beziehen sich auf eine Zeit, in der die Kontinente Australien, Afrika, Indien, Südamerika und die Antarktis noch eine einzige, zusammenhängende Landmasse bildeten. In unserem Kulturkreis geistert dieser Urkontinent als das sagenhafte Land Mu durch die Mythologie, später bekam er in der wissenschaftlichen Lehre von der Kontinentalverschiebung den Namen Gondwana. Diese Landmasse soll vor 130 Millionen Jahren auseinandergebrochen sein.

Auf versunkenen Pfaden

Auch wenn die endgültigen Beweise noch fehlen, vertreten die meisten Experten doch die Ansicht, daß die Aborigines sich *nicht* als *die* menschliche Urrasse in Australien entwickelten, sondern von Asien aus über die indonesischen Inseln auf den fünften Kontinent gelangten. Diese These wirft natürlich die Frage auf, wie die Aborigines, die nachweislich kein Volk von Seefahrern sind, die Reise über das Meer bewerkstelligt haben. Als die Engländer im 18. Jahrhundert in Australien landeten, besaßen die Einheimischen jedenfalls keine Boote, mit denen man sich aufs offene Meer hinauswagen konnte, und es ist auch nicht anzunehmen, daß sie in grauer Vorzeit hochseetüchtige Boote oder gar Schiffe gebaut haben.

Die Lösung des Problems ist jedoch recht einfach: Die Aborigines konnten den größten Teil des Weges nach Australien zu Fuß gehen. Vor etwa 70 000 Jahren – zu der Zeit also, in der nach Ansicht mancher Forscher die Besiedelung Australiens begann – lag der Meeresspiegel etwa 75 Meter tiefer, was zur Folge hatte, daß große Gebiete, die heute unter Wasser liegen, trockenen Fußes durchwandert werden konnten. Fast die ganze heutige indonesische Inselwelt war asiatisches Festland. Und die nördlich von Australien gelegene Insel Neuguinea, die heute durch die Torresstraße von Australien getrennt ist, war durch die Tiefebene des Sahul Shelf mit dem australischen Kontinent verbunden. Tatsache ist andererseits jedoch, daß auch dieses Australien der Eiszeit niemals mit dem asiatischen Festland verbunden war. Ein klares Indiz dafür ist die grundlegende Verschiedenheit der australischen Tierwelt von der Asiens (und aller anderen Kontinente). Nirgendwo sonst auf der Welt gibt es Känguruhs und Beuteltiere, und umgekehrt existierten in Australien früher keine der uns bekannten Säugetiere. Der Grund liegt darin, daß es sowohl für die australischen als auch für die asiatischen Tierarten keine Möglichkeit gab, die Distanz zwischen den Konti-

nenten zu überwinden – sofern es sich nicht gerade um Zugvögel handelte. Und für die Vorfahren der heutigen Aborigines bedeutete es, daß sie wegen dieser fehlenden Verbindung *doch* zur See fahren mußten – vor 70 000 Jahren!
Wie also? Sollten die Nachfahren dieser – aus unserer Sicht – prähistorischen Ahnen schlicht vergessen haben, wie man hochseetüchtige Boote baut? Sollten sie vergessen haben, was ein Segel ist? Sollten sie die Navigationskenntnisse, die ihre Vorfahren benötigten, um übers Meer zu reisen, ebenfalls vergessen haben? Als die Europäer in Australien auftauchten, wiesen die primitiven Kanus der Einheimischen jedenfalls keinerlei Vorrichtung auf, um den Wind als Antriebskraft zu nutzen, und die nautischen Kenntnisse der Aborigines waren äußerst gering. Die Verfechter der These, daß die Aborigines *nicht* aus Asien eingewandert sind, werden nicht müde, auf diese Problematik hinzuweisen, doch bei genauerem Hinsehen bietet sich eine plausible Lösung für diese scheinbaren Widersprüche an.
Zu der Zeit, als der Meeresspiegel tiefer lag, war die Distanz der südöstlichsten – damals schon existierenden – Inseln Indonesiens zum australischen Festland sehr viel geringer als heute. Von Timor aus mußten die Vorfahren der Aborigines nur etwa neunzig Kilometer über das offene Meer reisen, um nach Australien zu gelangen – eine Distanz, die zwar für Landtiere unüberbrückbar war, nicht aber für die Menschen. Und besonders tüchtige Seefahrer mußten sie bei einem solchen nautischen Katzensprung auch nicht unbedingt sein. Wir wissen so gut wie nichts darüber, mit welcher Art von Wasserfahrzeug diese prähistorischen Abenteurer sich auf die Reise gemacht haben, wir wissen nur, daß die Boote, die ihre Nachfahren noch vor gut zweihundert Jahren benutzten, dazu nicht geeignet waren. Am

wahrscheinlichsten ist es, daß sie die Überfahrt auf Bambusflößen wagten, einem Baumaterial, daß es in Australien nicht gibt. Noch heute werden an den Küsten Ostasiens kleine Boote aus Bambus hergestellt, mit denen sich die Fischer ziemlich weit aufs Meer hinauswagen.

Der australische Archäologe Allan Thorne baute ein Bambusfloß nach, wie es heute noch von den Anwohnern des Südchinesischen Meeres benutzt wird, und stellte dabei fest: Es ließ sich mit den einfachsten Mitteln herstellen, es ließ sich problemlos steuern und war auch noch bis zu fünf Knoten schnell. Dann fütterte er einen Computer mit allen notwendigen Daten und schickte ein virtuelles Bambusfloß auf eine simulierte Reise von Timor zur heutigen Nordwestküste Australiens während der Regenzeit. In dieser Zeit weht der Wind monatelang beständig aus Nordwesten, und das Ergebnis der Computerberechnung war, daß ein solches Floß die dreihundert Kilometer lange Strecke in acht bis zehn Tagen zurücklegen kann – ohne Segel! Für die damalige Entfernung von neunzig Kilometern brauchten die urzeitlichen Floßfahrer also höchstens drei Tage. Und es war völlig unmöglich, den riesigen Kontinent zu verfehlen.

Damit ist zwar auf plausible Weise erklärt, *wie* den Ahnen der Aborigines die Entdeckung Australiens gelingen konnte, ohne daß sie sonderliche Kenntnisse über Seefahrt benötigten – aber es bleibt die Frage, *warum* sie sich auf diese Reise ins Ungewisse machten. Schließlich konnten sie von der Existenz Australiens eigentlich nichts wissen, denn es war auch auf die damalige Distanz von der Insel Timor aus nicht sichtbar.

Die meisten der in jener Zeit vorhandenen Inseln lagen jedoch in Sichtweite, und da der Mensch von Natur aus ein neugieriges Wesen ist, versteht sich von selbst, daß er früher oder später zu ergründen versuchte, was für ein geheimnisvolles, unbekanntes Land da am Horizont aus dem Ozean ragte. Die über das Festland immer weiter nach Südosten vordringende Besiedelung führte also schließlich zu einer Art »Inselhüpfen«: Während der Regenzeit trieb der Wind ihre Flöße zu den südöstlich vom Festland gelegenen Inseln, und in der anderen Hälfte des Jahres wehte er in umgekehrter Richtung, so daß eine Rückkehr ohne besondere Schwierigkeiten möglich war, sollte sich das Objekt ihrer Neugier als unwirtlich oder gar lebensgefährlich erweisen. Ein Land zu besiedeln, das man im Meer draußen sehen kann, ist allerdings etwas grundlegend anderes, als sich auf zerbrechlichen Flößen in die ungewissen Weiten des Ozeans zu wagen. Es ist bei allem Wagemut der aboriginalen Floßfahrer nicht anzunehmen, daß sie von Timor aus in See stachen, ohne wenigstens zu vermuten, daß hinter dem Horizont eine Insel vorhanden sei. An das geradezu unglaubliche Abenteuer, mit winzigen Flößen und Booten in die unermeßliche Weite des Pazifischen Ozeans vorzustoßen, wagten sich erst Jahrtausende später die Polynesier, die ersten wirklich seefahrenden Völker der Menschheit. Wie also konnten die Aborigines damals die Existenz einer Insel feststellen, die außerhalb ihrer Sichtweite lag?

Es waren wohl Rauchsäulen, Wolkenformationen und Zugvögel, die den abenteuerlustigen Eiszeitmenschen die Botschaft von einem Land hinter dem Horizont überbrachten. Bei guten Sichtverhältnissen ist eine Rauchsäule von nur einem Kilometer Höhe, die sich über eine Ebene – oder eine Wasserfläche – erhebt, noch in einer Entfernung von etwa hundert Kilometern zu sehen. Und die Rauchsäulen infolge von Waldbränden, die durch Blitze oder andere Naturereignisse entstehen, können sogar fünf Kilometer hoch in den Himmel steigen. Deshalb ist anzunehmen, daß die Menschen damals von Timor oder anderen Inseln aus manchmal Rauch über dem Ozean aufsteigen sahen, und da das Meer nicht brennen kann, kamen sie zu der logischen Schlußfolgerung, daß hinter dem Horizont Land sein mußte. Ein weiteres Indiz dafür waren wohl auch die Wolkenformationen, die mitunter am Horizont zu sehen waren. Über dem offenen Meer bilden sich andere Formationen als über Festland oder großen Inseln. Nicht zuletzt ließen auch die Zugvögel auf ein Land hinter dem Horizont schließen, denn sie flogen jedes Jahr zu einer bestimmten Zeit in Richtung Südosten und kehrten etwa sechs Monate später wieder. Daß sie nicht ein halbes Jahr über dem offenen Meer herumfliegen und nach Fischen Ausschau halten würden, lag auf der Hand. Und aus ihrem körperlichen Zustand bei der Rückkehr konnten die Ahnen der Aborigines entnehmen, daß dieses Land in nicht allzu weiter Entfernung liegen mußte: Die Vögel waren gut genährt und nicht erschöpft, was bedeutete, daß sie für den Rückflug nicht sehr lange in der Luft gewesen sein konnten.

Natürlich ist es möglich, daß nicht nur Abenteuerlust und Neugier die Motive für die prähistorische Entdeckung Australiens waren. Vielleicht gab es damals schon so etwas wie eine »Überbevölkerung« in bestimmten Regionen. Das mag etwas seltsam klingen, denn die damaligen Bevölkerungszahlen lassen sich selbstverständlich nicht sinnvoll mit den heutigen vergleichen, doch wir müssen uns vorstellen, daß die Menschen jener Zeit weder Ackerbau noch Viehzucht betrieben, sondern allein von dem lebten, was ihnen die Natur von sich aus anbot. Sie waren *Wildbeuter*, Jäger und Sammler, und das Areal, das ein Stamm oder Volk von Wildbeutern benötigte, um sich zu ernähren, muß um ein Vielfaches größer gewesen sein als die Fläche, die ein zahlenmäßig vergleichbares Bauernvolk benötigte. Im fruchtbaren und wildreichen Südostasien stieg die Bevölkerungszahl der Wildbeuter naturgemäß schneller als in einer kargen Steppenlandschaft – im gleichen Zeitraum stieg jedoch auch der Meeresspiegel allmählich wieder, und riesige Gebiete, in denen es sich seit Jahrtausenden hervorragend jagen und sammeln ließ, schrumpften langsam zusammen und versanken schließlich in den Fluten. So wurde der Konkurrenzkampf um tierische und pflanzliche Beute schärfer und führte wahrscheinlich dazu, daß die Vorfahren der Aborigines auf der Suche nach neuen Jagdgründen immer weiter gen Südosten vordrangen und schließlich auf einen neuen Kontinent stießen.

In den Mythen der Aborigines findet sich ebenfalls ein gewichtiges Indiz dafür, daß die Vorfahren aus Asien eingewandert sein könnten. Die Djanggawul-Mythologie, eine der großen Schöpfungsgeschichten der Uraustralier, die von einigen Clans im nordwestaustralischen Arnhemland überliefert wird, berichtet von der Ankunft der Schöpferischen Ahnen in der Traumzeit: Sie kamen von Nordwesten her über das Meer und landeten im Norden des Kontinents. Dann zogen sie durch das Land, wobei sie den Kontinent formten und belebten und schließlich auch die Menschen (er)zeugten.

Nomaden im Paradies

Niemand vermag zu sagen, wie viele Menschen in Australien lebten, als der Meeresspiegel wieder so hoch stieg, daß eine Rückkehr nach Asien für die prähistorischen Nichtseefahrer unmöglich war. Allzu viele können es nicht gewesen sein. Auch als viele Jahrtausende später die Europäer Australien entdeckten, lebten nach heutigen Schätzungen auf dem riesigen Kontinent nur zwischen 500 000 und einer Million Menschen. Aber diese Zahlenangaben sind sehr vage, niemand vermag heute exakte Angaben über die Zahl der Aborigines machen, die bei Ankunft der Europäer das Land bevölkerten. Es läßt sich auch nicht genau sagen, wann in grauer Vorzeit der Kontakt mit Asien abbrach, doch spätestens von dieser Epoche an waren die Einwanderer – gemessen an der Größe des Kontinents – nur eine Handvoll Nomaden mehr oder minder ähnlicher Herkunft, vor denen ein riesiges, von Menschenhand unberührtes Land lag.

Natürlich war Australien kein Paradies in dem Sinne, daß den Aborigines dort die gebratenen Tauben in den Mund geflogen oder überall Bäche von Milch und Honig geflossen wären. Eher das Gegenteil war der Fall: Riesige Regionen im Inneren des Kontinents erwiesen sich als unwirtlich und teilweise gar als lebensfeindlich. Der Norden der neuen »Insel« wird ihnen von der üppigen Vegetation und vom milden Klima her noch vertraut gewesen sein, doch auf dem Marsch nach Süden stießen sie auf Wüsten und karge Gebirge, die ihnen den Weg versperrten. Sie mußten sich auf ihren Wanderungen an völlig ungewohnte Klimazonen anpassen, sie mußten lernen, auch in der trockensten Einöde Wasser und Nahrung zum Überleben zu finden – und sie lernten es. Es mag Jahrhunderte gedauert haben, bis sich der von ihnen genutzte Lebensraum über den gesamten Kontinent erstreckte, und es war ein gewaltiger Anpassungsprozeß an das Land, das von nun an ihre Heimat wurde.

Wirklich paradiesisch war die Tatsache, daß sie auf dem neuen Kontinent allein waren und es dadurch niemals zu Kämpfen oder Konflikten mit anderen Völkern kommen konnte. Kriege zwischen den Stämmen, Clans und sonstigen Gruppierungen der Aborigines gab es nicht, und zwar aus einem sehr einleuchtenden Grund: Ihre Gesellschaft war nicht auf dem Prinzip des materiellen Besitzes aufgebaut, was bedeutet, daß es keinen Sinn machte, andere anzugreifen, um ihnen etwas wegzunehmen. Eroberung von Gebieten, Unterwerfung und Ausbeutung von anderen Menschen machten für die Aborigines keinen Sinn, weil sie keine Besitztümer anhäuften. Das Land besaßen sie nur in einem geistigen Sinn, sie beuteten es nicht materiell aus, sondern sie hüteten es als das Geschenk und Vermächtnis der Schöpferischen Ahnen aus der Traumzeit. Da sie auch psychologische Methoden entwickelten, um gewaltfrei mit den Aggressionen umzugehen, die sich im menschlichen Mit- und Gegeneinander anscheinend zwangsläufig einstellen, lebten sie für die nächsten 50 000 oder auch 70 000 Jahre ungestört in einer tatsächlich friedlichen Welt. Und das ist etwas, was wir westlichen Menschen im Grunde nicht verstehen können, wir können es lediglich kopfschüttelnd zur Kenntnis nehmen.

Selbst die Tierwelt Australiens war in bezug auf Menschen von paradiesischer Friedlichkeit, denn außer riesigen Krokodilen gab es keine Raubtiere, vor denen sich der Mensch in acht nehmen mußte, und den Krokodilen konnte man leicht aus dem Weg gehen. Dafür waren die Aborigines jedoch mit wahren Fabelwesen konfrontiert: Das Riesenkänguruh war drei Meter hoch, und der Wombat, ein pflanzenfressendes Beuteltier, erreichte fast die Größe eines Nashorns. Dazu kamen noch Echsen von etwa drei Metern Länge, und auch der Laufvogel Emu war zu jener Zeit ein Riese. Vor etwa 20 000 Jahren verschwanden diese letzten Tiere von urzeitlichem Format, manche mutierten zu kleineren Formen, manche starben durch einen stattfindenden Klimawechsel aus, der Australien damals heißer und trockener machte.

Die Mythen der Unda-Gnoora-Aborigines aus der Cooper-Region in Zentralaustralien erzählen die Geschichte dieser Zeit, in der das heute trockene, unwirtliche Land noch ein grünes und wildreiches Paradies war. Der Himmel war oft wolkenverhangen, es regnete regelmäßig, aber nicht zuviel, und die heute öden, ausgetrockneten Becken waren große Seen, voll mit allerbestem Süßwasser. Der Himmel wurde von drei mächtigen Eukalyptusbäumen gestützt, die aber auf mysteriöse Weise zerstört wurden, so daß drei kleine Löcher im Himmelsgewölbe zurückblieben. Sie vereinigten sich zu einem großen Loch, dem *Puri Wilpanina*, das immer weiter wuchs. Die Folge waren zunehmend heftige Naturkatastrophen in den nächsten Jahrtausenden. Stürme von bisher unbekannter Wucht fegten über das Land. Manchmal waren die Jagdgründe für lange Zeit überschwemmt, manchmal verwandelten sie sich in eine öde Steppe, in der es nicht viel Wild gab. Schließlich wurde die Erde zu der kargen Landschaft Zentralaustraliens, die sie heute ist. Doch die Aborigines überlebten diesen Klimawechsel völlig problemlos, denn sie hatten ihre Fähigkeit, auch in den unwirtlichsten Landschaften ohne große Not zu überleben, zu absoluter Perfektion entwickelt.

Wie die Besiedlung des Kontinents im Detail vor sich gegangen sein soll, darüber streitet die Fachwelt heute noch. An einem Ort in Victoria, den man Kow Swamp nennt, fand man Knochen eines Menschentyps, den man nicht den Aborigines zuordnen kann. Zu diesem Sachverhalt gibt es zwei Thesen: Entweder sind zwei Menschentypen nach Australien eingewandert, die im Lauf der Zeit zum Volk der heutigen Aborigines verschmolzen, oder diese Kow-Swamp-Menschen waren vor ihnen da und wurden verdrängt oder überlebten den Klimawechsel nicht. Keine dieser Thesen läßt sich beweisen oder wird sich in Zukunft beweisen lassen. In den Überlieferungen der Aborigines, in denen die bedeutenden Ereignisse ihrer langen Geschichte gespeichert sind, wird nichts über einen urzeitlichen Eroberungskrieg gegen andere Menschen berichtet.

Die Besiedelung ging jedenfalls nicht systematisch vor sich, davon zeugt auch die Vielfalt von Sprachen und Dialekten. Die halbe oder ganze Million Aborigines, die im 18. Jahrhundert in Australien lebten, sprachen über dreihundert Sprachen mit zahllosen Dialekten. Und es war auch keine Besiedelung nach unserem westlichen Verständnis. Die »Siedler« steckten keine Ländereien ab, gründeten keine Organisationen, geschweige denn Städte oder Staaten, sie brauchten kein Militär, keine Polizei und keine Gefängnisse. Die »Landnahme« fand nicht in der Form statt, daß die Menschen sich das Land in einem materiellen Sinn zu eigen machten, indem sie es bebauten oder seine Bodenschätze ausgruben. Die Clans der Aborigines blieben über Jahrtausende hinweg Nomaden, die mitunter wohl auch längere Zeit an einem Ort lebten, aber niemals in unserem Sinne seßhaft wurden. Zwar lebten sie in den nahrungsreichen Flußgebieten Südostaustraliens gelegentlich in großen Gruppen zusammen – man hat sogar Reste von Steinhäusern gefunden, die auf feste Siedlungen verweisen –, aber sie blieben immer Nomaden. Die »Steinhausepoche« Südostaustraliens war nur eine kurze, untypische und regional begrenzte Art zu leben, die keine Verbreitung fand und dem Vergessen anheimfiel. Aber sie beweist eines: Die Aborigines waren in der Lage, feste Häuser zu bauen.

Land zu »besitzen« ist in der aboriginalen Kultur nur auf einer geistigen, einer metaphysischen Ebene möglich. Und es ist eigentlich auch überhaupt kein »Besitzen«, es ist eher ein Verwalten – die Aborigines verstehen sich als die *Hüter* des Landes, dem sie angehören, darüber hinaus als Hüter der Erde mit dem Auftrag, sie so zu bewahren, wie sie ihnen von den Schöpferischen Ahnen der Traumzeit überlassen wurde. Deshalb ist ein Aborigine mit seinem Land sehr viel tiefer verbunden, als es ein europäischer Besitzer jemals sein kann. Das Land, die Erde ist für ihn kein Wirtschaftsobjekt, sondern sie ist heilig. Und sie ist auch nicht die Kulisse für den großen Auftritt des Homo sapiens, der sich aufgrund des am besten funktionierenden Gehirns nun zum Besitzer und Beherrscher dieser Erde ernennt. Für einen Aborigine ist es eher umgekehrt: Das Land besitzt ihn, denn es ist ein lebendiges Ganzes, und er ist ein lebender *Teil* dieses Ganzen, seinem Land spirituell so tief verbunden, daß eine Verletzung des Landes eine Verletzung seiner Seele ist, die ihm die Kraft zum Leben rauben kann.

Paradiesisch am Leben der Aborigines war jedenfalls auch die geradezu unvorstellbare Kontinuität, die Ruhe und der Frieden, die eine Kultur mit einer Spiritualität entstehen ließen, die einzigartig auf dieser Welt ist. Sie lebten in völliger Harmonie mit der Natur, mit den Menschen und mit den metaphysischen Schöpfungsmächten. Dieser Zustand wurde erst zerstört, als die Weißen auftauchten.

II DIE WEISSEN KOMMEN

Schiffe aus der Geisterwelt

Wenn heute ein riesiges außerirdisches Raumschiff auf unserem Planeten landen würde, dem sechsbeinige Astronauten mit azurblauer Haut entsteigen, dann wäre das zwar eine geradezu unglaubliche Sensation – doch wir Erdbewohner wären durchaus in der Lage zu begreifen, was wir sehen: Wir würden verstehen, daß gerade ein außerirdisches Raumschiff mit einer sehr fremdartig aussehenden Besatzung auf der Erde gelandet ist. Unsere Überraschung, so groß sie auch immer wäre, hielte sich in Grenzen, weil wir wissen, daß es erheblich mehr Sonnensysteme im Universum gibt als unser eigenes und wir wohl nicht die einzigen intelligenten Lebewesen im unendlichen Weltall sind.

Die Aborigines in Südostaustralien, die im Jahr 1770 zum ersten Mal in ihrer viele Jahrtausende alten Geschichte Europäer zu Gesicht bekamen, müssen erheblich schockierter gewesen sein, als wir es bei einem außerirdischen Besuch sein könnten, denn in ihrer Vorstellungswelt existierten kein Land und keine Menschen außerhalb Australiens. Ihr Kontinent war alles Land, das es geben konnte, und seine Bevölkerung waren die einzigen Menschen, die es geben konnte. Hinter dem Großen Wasser lag lediglich die metaphysische Welt der Schöpferischen Ahnen, aus der bestenfalls Geister erscheinen konnten. Nach dem Glauben der Küstenbewohner in diesem Teil Australiens befand sich auch das Totenreich jenseits des großen Wassers. Ein Wort in der Sprache der Awabakal, das später bei den Aborigines an der Ostküste allgemein zur Bezeichnung für die Fremdwesen wurde, bringt diese Empfindungen der Ureinwohner auf den Punkt: Die weißgesichtigen Ankömmlinge erschienen ihnen wie *Gubbas*, was »Geister« bedeutet. Es konnten keine Menschen sein, auch wenn sie menschenähnlich aussahen, denn außer den Australiern gab es keine Menschen auf der Welt.

Im Norden des Kontinents wußten die Aborigines allerdings schon, daß es sich bei weißen Männern in riesigen Kanus nicht um Geister handelte, denn der Engländer und Weltumsegler James Cook und seine Mannschaft waren nicht die ersten Europäer, die in Australien an Land gingen. Schon zu Beginn des 18. Jahrhunderts landeten Holländer an der australischen Küste, doch das geschah im Nordwesten des Kontinents, und die Begegnung war so kurzfristig, belanglos und auch unerfreulich, daß sie sich nicht bis nach Südostaustralien herumgesprochen hatte. Da die Holländer nichts entdeckten, was sie brauchen konnten, und die Einheimischen, das Volk der Tiwi, sich als abweisend und feindselig erwiesen, verzichteten die Holländer auf weitere Erkundungen und beschränkten ihren Kolonialismus in diesem Teil der Welt weiterhin auf Indonesien, denn dort gab es im Gegensatz zu der garstigen, neu entdeckten »Insel« eine Menge zu holen.

Der kurze Auftritt der Holländer hinterließ also in der Jahrtausende alten Geschichte der Aborigines Nordaustraliens so gut wie keinen Eindruck. Der Untergang der uralten australischen

Kultur begann erst mit der Ankunft der Engländer, der »Geister« aus dem Totenreich, die anscheinend gekommen waren, um zu bleiben, um ihnen das Land zu rauben und einen Krieg gegen die heilige Erde und ihre Kinder zu führen.
In der Überlieferung der Aborigines, die ihre Geschichte nicht schriftlich mit genauen Datierungen und historischen Details festhalten, sondern das Wesentliche, den Kern der Ereignisse, in symbolischen, beispielhaften Erzählungen an ihre Nachfahren weitergeben, sind die Engländer und ihr Verhalten in der Figur des Kapitäns Cook symbolisch zusammengefaßt. Es gibt viele Geschichten, die Aborigines über »Captain Cook« erzählen können, und sie variieren je nach Erzähler. Den Kern aller Geschichten kann man ungefähr so wiedergeben:
Cook zog mit seinen Leuten durch das Land und schoß die Menschen nieder. Er sah, daß es ein sehr schönes Land war, und deshalb tötete er die Menschen, denn er wollte ihr Land für sich haben. Er brachte aus England Bücher mit Gesetzen, in denen stand, daß er über die Aborigines herrschen durfte, Gesetze, in denen stand, daß ihr Land, das sie seit aller Zeit im Namen der Schöpferischen Ahnen pflegen und erhalten, von nun an den Engländern gehörte. Obwohl »Captain Cook« sehen konnte, daß überall in diesem Land Menschen lebten, hat er sie nicht einmal gefragt, ob er ihr Land betreten darf. Er hat sich das Land einfach genommen.
So berechtigt diese Anklage ist, trifft sie eigentlich doch den Falschen. Cook und seine Schiffsmannschaft sind nie durch Australien gezogen, und sie massakrierten auch keine Aborigines. Als Cook am 29. April 1770 die Botany Bay entdeckte, eine herrliche Bucht, an der heute die Millionenstadt Sydney liegt, war von Landraub oder Völkermord noch nicht die Rede. Bei

der Landung gab es zwar eine kleine Auseinandersetzung – zwei Aborigines schleuderten ihre Speere, und Cook ließ drei Schrotschüsse in die Luft feuern –, doch bei diesem eine Woche dauernden Besuch wurde niemand verletzt. Kapitän Cook war allerdings äußerst angetan von der Tapferkeit der zwei Männer, die sich ihnen ganz allein entgegenstellten und mit ihren primitiven Speeren versuchten, der über dreißig Mann starken Truppe der Weißen Einhalt zu gebieten. Nach dieser unfreundlichen Begegnung erkundeten die Engländer unbehelligt die Umgebung der Bucht und segelten dann weiter, immer an der Westküste Richtung Norden bis nach Kap York hinauf, der nördlichsten Spitze Australiens.

Vor der Küste des heutigen Queensland hatte Cooks Schiff, die »Endeavour«, am Great Barrier Reef eine Havarie, wodurch es auf dieser Reise zu einem weiteren Kontakt mit den Einheimischen kam. Diese Begegnung war freundlicher als die erste, aber die Australier blieben dennoch reserviert, und die Versuche der Weißen, sie durch Geschenke zu animieren, schlugen fehl. Die Engländer spürten deutlich, daß auch diese Australier nur eines wollten: daß die Fremden möglichst schnell wieder verschwanden und nie mehr zurückkamen. James Cook berichtete später über die Australier, die damals noch die »Eingeborenen von Neuholland« genannt wurden, daß sie uns als das armseligste Volk auf der Welt erscheinen könnten – doch in Wirklichkeit seien sie viel glücklicher als wir Europäer. Sie bräuchten all die überflüssigen Dinge nicht, die wir für notwendig erachten, um einigermaßen zufrieden zu sein. Diese Menschen seien eben gerade dadurch glücklich, daß sie nicht wüßten, wozu man all diese Dinge brauchen solle. Und vor allem, so berichtete Kapitän Cook, lebten die Aborigines in einer Ruhe, die nicht durch soziale Ungleichheit der Lebensbedingungen gestört werde. »Die Erde und das Meer geben ihnen von selbst alles, was zum Leben notwendig ist, sie begehren keine wunderbaren Häuser, Haushaltsdinge und so weiter. Kurz und gut: Sie scheinen keinen Wert auf irgend etwas zu legen, das wir ihnen gegeben haben.«

James Cook, der zwar nichts davon ahnte, daß diese nackten »Eingeborenen« eine spirituell hochentwickelte und uralte Kultur besaßen, sah sehr deutlich, daß diese Menschen, pragmatisch betrachtet, in einer erstaunlich menschenfreundlichen sozialen Gemeinschaft lebten, in der die Gier nach Besitz nicht zu existieren schien. Der große Entdecker unternahm noch zwei weitere Reisen in den südlichen Pazifik. Als er 1779 eine kleine hawaiianische Insel anlief, um eine Reparatur an seinem Schiff durchzuführen, wurde er bei einer Auseinandersetzung mit einheimischen Kriegern erschlagen. Cook, der in der Überlieferung der Aborigines zur Symbolgestalt des bösen weißen Mannes wurde, war jedoch in Wirklichkeit so etwas wie ein Freund der Aborigines, denn er brachte ihnen entschieden mehr Verständnis entgegen als die meisten seiner Zeitgenossen. Seine Kommentare wurden ihm von den Mächtigen in London sogar übelgenommen und aus später veröffentlichten Reiseberichten herausgestrichen, denn sie paßten nicht zur kolonialistischen Raffgier, die das Denken der meisten Europäer bestimmte.

Cook sah in den Aborigines auch eine Menschheit vor dem zivilisatorischen Sündenfall, der in fast allen Kulturen der Welt zu der Gier nach materiellem Besitz und dem Entstehen einer mehr oder minder krassen Ausbeutung von Menschen, Tieren und Naturgütern führte. Dieser Sündenfall, der soziale Ungerechtigkeit, Sklaverei und Unterdrückung sowie mörderische Kriege nach sich zog, schien bei diesen Eingeborenen nicht stattgefunden zu haben. Sie lebten frei in der Natur, besaßen nur, was sie zum Leben tatsächlich brauchten, und vertrauten offensichtlich darauf, daß die Erde ihnen immer genügend Nahrung bieten würde. Denn sie bauten weder irgendwelche Pflanzen an, noch besaßen sie Schlachttiere. Sie streiften einfach durch Gottes Natur, sammelten, jagten, fischten und machten einen rundherum zufriedenen und glücklichen Eindruck.

Die unedlen Wilden

Dieses ziemlich idealisierende Bild vom »edlen Wilden« erfreute sich auch bei den Philosophen der europäischen Aufklärung großer Beliebtheit. Das Ganze war zwar gutgemeint, doch es war auch recht gönnerhaft, mehr noch, es war überheblich. Denn die »Wilden« sollten zwar »edel« in der Gesinnung sein – ohne Arg, ohne Gier, ohne Heimtücke und Hintergedanken –, auf der anderen Seite galten sie jedoch als intellektuell unterbelichtet, als dumm geradezu. Denn sie hatten außer ein paar primitiven Werkzeugen und Waffen nichts erfunden, sie besaßen weder Reittiere noch Zelte und liefen nackt durch die Natur. Und natürlich hatten sie noch keine Schrift, sie lebten tief in der Steinzeit, sie waren geistig einfach noch nicht weit genug entwickelt, um so differenziert wie wir zivilisierten Menschen zu denken. Solche überheblichen Ansichten, die unter den Intellektuellen in den europäischen Metropolen verbreitet waren, sind aus heutiger Sicht ziemlich peinlich für unsere Philosophen. Weil diese überhaupt nichts von der spirituell und sozial hochdifferenzierten Kultur der Aborigines ahnten, betrachteten sie die »Wilden« als eine Ansammlung von geistig Unterentwickelten – doch dieses Mißverständnis ließ dem edlen, aber angeblich dummen Wilden immerhin noch seine Würde als Mensch.

Aber nicht alle Zeitgenossen Cooks waren der Ansicht, daß die australischen »Wilden« auch edel seien. Denn anders als bei den Indianern Nordamerikas, die wenigstens Zelte, prächtige Kleider, Reittiere, Pfeil und Bogen besaßen, die sogar Kriege untereinander führten und über eine halbwegs funktionierende Organisation verfügten, war bei den Australiern überhaupt nichts von all dem vorhanden. Viele hielten es weiterhin mit der Ansicht des englischen Kapitäns William Dampier, der bei einer Weltumsegelung in den Jahren 1687/88 kurzen Kontakt mit den Australiern hatte. Kapitän Dampier war der Ansicht, daß die Australier das elendeste Volk in der Welt seien und sich, abgesehen davon, daß sie menschliche Gestalt besaßen und mit Feuer umgehen konnten, kaum von Tieren unterschieden. »Die Hodmadods von Monomatapa, wiewohl ein garstiges Volk, sind doch, was die materiellen Güter angeht, Herren im Vergleich mit diesen, die weder Häuser, noch Fellkleider, noch Schafe, noch Geflügel, noch Bodenfrüchte, noch Straußeneier usw. haben, wie sie wenigstens die Hodmadods haben.«

Bei diesen »Hodmadods von Monomatapa« handelt es sich um die bei uns im Volksmund schon sprichwörtlich gewordenen Hottentotten, bei denen es gar fürchterlich zugehen soll. Hintergrund dieser Wertung und Einordnung der Völker in eine Skala vom Untermenschen bis zum Herrenmenschen war die damals vorherrschende Theorie von der »Kette der Wesen«, auch »Leitermodell« genannt. Mit diesem Denkmodell versuchte man, sich den Zusammenhang der Lebewesen in der

Natur zu erklären: Alle Wesen, von der »Krone der Schöpfung« abwärts, bildeten eine Kette, in der es keine Lücke gab, eine Leiter, deren unterste Sprossen die primitivsten Tiere waren.

Auch innerhalb der Spezies der Menschen ließ sich mit diesem Modell hervorragend Ordnung schaffen: Auf der obersten Sprosse stand der gebildete und besitzende Angehörige der europäischen Oberschicht, unter ihm rangierte der Rest der weißen Rasse, dann kamen asiatische Kulturvölker, dann die Indianer beider Amerikas und dann die Schwarzen, die man gnadenlos versklavte. Schwarze waren Untermenschen, und zu den allerletzten Untermenschen, deren Platz dicht beim »Menschenaffen« ist, hatten die Europäer bisher die afrikanischen Hottentotten degradiert. Nach den Äußerungen von Kapitän Dampier stand dieser Platz nun den Aborigines zu.

Denn, so seine Schlußfolgerung: Obwohl sie Feuer benutzten, sprechen konnten und Waffen besaßen, lebten sie wie die Tiere und hatten ganz offensichtlich keinerlei Kultur entwickelt, wenn man von den unverständlichen und infantilen Kritzeleien, die sie auf Felswände schmierten, absah. Diese Bilder hatten ja nicht einmal die Qualität der Höhlenmalerei, die die europäischen Steinzeitmenschen hinterlassen hatten. Und daß diese »Austral-Neger« fast überhaupt nichts besaßen, daß sie keine materiellen Werte schufen und keinerlei Besitz erwarben, das machte sie den Tieren noch ähnlicher. Die vielgeschmähten Hottentotten dagegen erwiesen sich schon allein durch die Tatsache, daß sie sich Nutztiere hielten, immerhin noch als Menschen. Die Aborigines standen offensichtlich eine Sprosse tiefer, sie waren wohl eine Art Halbmensch oder Halbaffe, der zwar schon sprechen konnte, aber sonst nicht viel zuwege brachte.

Manche Europäer sprachen den Aborigines also rundheraus ab, Menschen zu sein. Hinter dieser überheblichen Sichtweise stand die völlige Unfähigkeit zu verstehen, daß eine Gesellschaft nicht zwangsläufig primitiv sein muß, nur weil die Menschen nicht materiell orientiert sind, weil sie keine Häuser bauen, weder Landwirte noch Viehzüchter sind und darüber hinaus nicht einmal schreiben können.

Sehr bald kamen auch handfeste Interessen hinzu, die es geboten, dieses Bild vom australischen Untermenschen weiterhin zu propagieren. Anfangs suchte man nur einen möglichst entlegenen Ort, um die vielen Strafgefangenen zu deportieren, die das englische Gesellschaftssystem produzierte. Der Besitz war die heilige Kuh der europäischen Kultur, und ganz besonders in England schuf der beginnende Kapitalismus eine Klasse von Armen und Obdachlosen, die stehlen und rauben mußten, um zu überleben. Im Jahr 1770 stand auf 160 Delikte die Todesstrafe, neben Mord auch auf den Diebstahl von Äpfeln oder zum Trocknen aufgehängter Wäsche. Da man nicht alle Diebe hinrichten konnte, wenn man den Zorn des Volkes nicht zu sehr erregen wollte – nur allzu oft waren die Diebe Kinder –, platzten die Gefängnisse allmählich aus allen Nähten, und man mußte die Gefangenen schon auf abgetakelten Seglern auf der Themse internieren. Die nordamerikanischen Kolonien, die bisher ein praktischer Deportationsort gewesen waren, hatte man verloren, und so kam Lord Sydney, nach dem die australische Stadt benannt ist, auf die Idee, die Sträflinge nach Australien zu deportieren, weit weg ans andere Ende der Welt.

So schlug man zwei Fliegen mit einer Klappe: Zum einen wurde man das »überflüssige Gesindel« los, und zum anderen konnte es sich noch nützlich machen, indem es herausfand, ob es sich lohnte, dieses Land zu besiedeln, das nur von ein paar primitiven Halbmenschen durchstreift wurde, die mit dem Land offensichtlich nichts anzufangen wußten.

Unvereinbare Welten

Als am 20. Januar 1788 die letzten Schiffe einer Flotte aus zwei Kriegsschiffen und neun Transportern in der australischen Botany Bay einliefen, war das ein Aufeinanderprall von Kulturen, die verschiedener nicht sein konnten. Auf der einen Seite stand eine junge Gesellschaft von Kaufleuten, Militärs und aufstrebenden Industriellen, Vertreter einer von Aggression geprägten Kultur, in der alles auf Macht und Besitz ausgerichtet war. In der nur wenige Jahrtausende umfassenden Existenz dieser Kultur wurden deren Gesellschaftssysteme immer wieder durch Kriege zerstört, folgte eine Umwälzung auf die andere, und die gesamte Geschichte dieser erfinderischen, unruhigen und gierigen Menschen – so genial und beeindruckend viele kulturellen und wissenschaftlichen Leistungen auch sein mögen – ist nicht zuletzt auch eine Geschichte von Zerstörung, Unterdrückung und Völkermord. Die Geschichte der Europäer ist also auch eine Entwicklung, bei der man sehr deutlich die Folgen der rapide zunehmenden Gottlosigkeit einer Kultur verfolgen kann – auch wenn sie noch so schöne Kirchen gebaut hat.

Auf der anderen Seite stand eine uralte Gesellschaft, die seit Zehntausenden von Jahren die Kontinuität ihrer Kultur bewahrt hatte, in der es seit Menschengedenken keine Revolutionen oder Kriege, keine Unterdrückung und Ausbeutung, keine Kolonisation und Sklaverei gab. Es war eine Kultur, in der seit Zehntausenden von Jahren alles auf eine spirituelle Lebensweise ausgerichtet war. Der Sinn des Lebens oder, anders gesagt, die

Lebensaufgabe eines Menschen bestand und besteht für die Aborigines nicht darin, Besitz und Macht zu erringen und andere zu dominieren, sondern darin, den Kontakt zu der Schöpfungsmacht zu erhalten, die die Erde und ihre Lebewesen geschaffen hat. Alle Generationen von Aborigines waren in allererster Linie damit beschäftigt, das Land, das sie von ihren Schöpferischen Ahnen erhalten hatten, durch Rituale und durch Feuer in dem Zustand zu bewahren, in dem sie es bekamen. Da sie nur sehr wenig Zeit brauchten, um für ihre Ernährung zu sorgen, und kein Interesse daran hatten, Dinge zu erfinden, die sie für ihr Leben nicht wirklich brauchten, verbrachten die Aborigines den größten Teil ihrer Zeit damit, sich der religiösen Seite ihrer menschlichen Natur zu widmen. Keine Kultur der Welt ist jemals auf eine so tiefe Weise wahrhaft religiös gewesen wie diese älteste Kultur der Menschheit. Sie war und ist heute noch eine durch und durch metaphysische Kultur, in der alle menschlichen Handlungen durch höhere als menschliche Gesetze bestimmt werden.

Die Weißen begriffen das nicht. Wir können natürlich davon ausgehen, daß sie die Australier auch niedergemacht und unterdrückt hätten, *wenn* sie etwas von der Spiritualität dieser Kultur begriffen hätten, denn schließlich hatten sie das auch schon in Nord- und ganz besonders in Mittel- und Südamerika praktiziert, wo es sich offensichtlich um Hochkulturen handelte. Doch im Fall der Aborigines kommt zu der üblichen Prozedur von Unterwerfung, Unterdrückung und Enteignung noch etwas hinzu, nämlich ein grobes Mißverständnis: Als die Europäer die Kulturen der nordamerikanischen Indianer, der Azteken und Inka mit Eroberungskriegen vernichteten, *wußten* sie wenigstens, daß sie Kulturen zerstörten. Die Australier jedoch *be-*

saßen in ihren Augen überhaupt keine nennenswerte Kultur. Es waren für sie »umherirrende Wilde«, völlig zurückgebliebene Steinzeitwesen.
Aus der Tatsache, daß die Australier nach der Entwicklung des Bumerangs, der Speerschleuder und einiger anderer für sie lebensnotwendigen Dinge nichts weiteres mehr erfunden hatten, schlossen die Engländer messerscharf, daß sie wohl zu dumm dazu seien. Zu diesem Mißverständnis paßte natürlich auch, daß sie nicht einmal die allereinfachste Form von Ackerbau oder Viehzucht beherrschten. Niemand von den Europäern kam auch nur in die Nähe des Gedankens, daß dahinter die bewußte Entscheidung der Aborigines stehen könnte, auf Ackerbau, Viehzucht und einiges andere zu verzichten. Das war für die Vertreter einer seßhaften Kultur, in der sich fast alles um den Erwerb von Besitz und um technologischen Fortschritt drehte, schlicht nicht vorstellbar.
Heute weiß man, daß die Aborigines im achten Jahrtausend vor unserer Zeit in Kontakt mit Ackerbauern aus Neuguinea standen und daher sehr wohl wußten, was Ackerbau und Viehzucht ist. Sie lernten Tongefäße kennen und sahen den Gebrauch von Pfeil und Bogen. Es wäre ihnen ein leichtes gewesen, die Samenkerne der Früchte, die sie ohnehin schon sammelten, um sie zu verschiedenen Zwecken zu gebrauchen, anzupflanzen, so wie es die Bauern machten. Daß sie darauf verzichteten, läßt sich nicht anders als mit einer bewußten Ablehnung dieser Lebensweise erklären. Der Grund ist, daß die Lebensweise des Ackerbauern für die Aborigines nicht mit den Gesetzen der Traumzeit zu vereinbaren war, nach denen sie schon seit Zehntausenden von Jahren lebten. Sie waren auch durchaus in der Lage, Häuser zu bauen, denn sie errichteten zu zeremoniellen

Zwecken ausgetüftelte bauliche Konstruktionen, aber sie hatten kein Interesse daran, sich an einem Ort niederzulassen und feste Häuser zu errichten.

Aber man braucht gar keine 8000 Jahre in der Geschichte der Aborigines zurückzugehen, um zu erkennen, daß ihre »primitive« Lebensweise nicht auf die Unkenntnis anderer Lebensarten zurückzuführen ist. Sehr gut belegt sind die Kontakte, die seit dem 18. Jahrhundert n. Chr. zwischen den Clans in Arnhemland im äußersten Nordwesten des Kontinents und den indonesischen Fischern von Makassar auf der Insel Sulawesi stattfanden. Diese Fremden, von den Aborigines *Macassans* genannt, kamen regelmäßig zu Anfang der Regenzeit, wenn der Monsun aus Nordwesten bläst. Sie fischten nach Meerestieren, die sie Trepang (Meereswalzen) nannten und die sie getrocknet mit gutem Gewinn nach China verkauften, wo sie als Heilmittel und auch als Delikatesse geschätzt waren. Nach sechs Monaten, wenn zu Beginn der Trockenzeit der Wind wieder aus Südosten zu wehen begann, kehrten sie in ihre Heimat zurück. Die indonesischen Fischer und die Australier in Arnhemland kamen gut 200 Jahre lang ohne nennenswerte Konflikte miteinander aus, denn die Macassans maßten sich nicht an, den Aborigines in ihre Lebensweise hineinzureden. Die Überlieferungen der Aborigines erwähnen ein paar kleinere Streitfälle, in denen man von der Waffe Gebrauch machte und es auch ein paar Tote gab, doch ansonsten findet der Kontakt mit den Macassans freundliche Erwähnung. Denn die Fremden kamen als Gäste, und sie benahmen sich auch so: Sie legten – ganz im Gegensatz zu den Engländern – ihre Waffen nieder und baten um Erlaubnis, das Land betreten zu dürfen. Der Kontakt mit den Fischern von Sulawesi brach erst ab, als die australische Regierung den Indonesiern 1921 das Befahren der australischen Hoheitsgewässer verbot.

Auch diese lange Begegnung mit einer asiatischen Kultur der Neuzeit brachte die Aborigines nicht dazu, von den Gesetzen der Traumzeit abzuweichen und ihre Lebensweise zu ändern. Warum sollten sie auch? Nach Ansicht aller Anthropologen, die sich mit der Kultur der Uraustralier beschäftigt haben, lebten sie zweifellos in dem freundlichsten sozialen Klima, das jemals eine Kultur hervorgebracht hat. Und sie lebten sehr bequem, auch wenn in Europa heute noch die Vorstellung grassiert, daß die Männer in grauer Vorzeit den ganzen Tag dem Wild hinterherjagten und die Frauen und Kinder von früh bis spät mühselig nach Würmern und Wurzeln graben mußten, um sich auch nur halbwegs ernähren zu können. Das Gegenteil war der Fall: Selbst in Dürrezeiten reichte es aus, wenn die Frauen drei Stunden sammelten, um ihre ganze Gruppe zu ernähren. Während der fruchtbaren Zeiten und in fruchtbaren Gebieten genügte einer Gruppe von reisenden Aborigines oft eine Stunde Jagd und Sammeln, damit die Gruppe sich täglich gesund und abwechslungsreich ernähren konnte. Der Rest war »Freizeit«, wenn man von der gelegentlichen Herstellung oder Reparatur eines ihrer wenigen Gebrauchsgegenstände absieht.

Hätte man eine Gruppe Aborigines auf eine Reise durch die Slums und Fabriken des beginnenden Kapitalismus in England geschickt, sie wären sich wohl wie in einem Irrenhaus vorgekommen – wenn sie gewußt hätten, was ein Irrenhaus ist: Die armen Menschen in diesem England mußten vom Morgengrauen bis in die Nacht allerschwerste Arbeit verrichten und hatten oft trotzdem so wenig zu essen, daß sie stehlen mußten, um zu überleben. Was für eine extrem dumme Art, mit dem Geschenk des Lebens umzugehen, das die Engländer von ihren eigenen Schöpferischen Ahnen erhalten hatten! Wußten diese bleichgesichtigen Narren denn nicht, daß man viel besser leben konnte? Wußten sie nicht, daß es im Leben nicht darum geht, Dinge zu erwerben und anzuhäufen? Was hatten diese unverständigen Weißen doch für eine verkehrte und kaputte Welt aus der Schöpfung gemacht, die ihnen ihre Ahnen der Traumzeit überlassen hatten, damit sie diese Welt hüteten und bewahrten!

Für die Engländer aber waren die Australier nur kleine Horden von ziellos herumirrenden Steinzeitmenschen, die manchmal aus unerfindlichen Gründen kürzer oder länger in irgendeiner Gegend blieben und dann irgendwo draußen im Busch tage- und nächtelange Feste feierten. Sie arbeiteten nicht, und wenn sie in den Nächten ihre barbarischen Gesangs- und Tanzorgien abhielten, schliefen sie an den Tagen bis in den Mittag hinein. Aus weißer Perspektive taten die Aborigines nichts anderes, als kreuz und quer, ziellos und planlos durch das riesige Land zu ziehen, zu sammeln, zu jagen, zu fischen und Feste zu feiern.

Diese Ansicht der Kolonialisten war keine bewußte, bösartige Verzerrung der Wirklichkeit, sondern sie entsprach durchaus dem, was sie vor sich sahen: Die »Austral-Neger« hatten keinerlei Bindung an ihr Land, sie waren offenbar ohne jegliches Heimatgefühl, es gab auf dem ganzen riesigen Kontinent keine Staaten, es gab keine Nationen, keine Könige, kein Militär, keine Ortschaften, keine Straßen. Die Engländer glaubten *tatsächlich*, sie hätten es mit der primitivsten Rasse der Menschheit zu tun – dabei waren sie mit einer Kultur konfrontiert, in der jedes Mitglied ein Mystiker war, der nach uralten mystischen und mythischen Regeln lebte – den Gesetzen der Traumzeit.

Wie hätten die Europäer verstehen sollen, daß die vielen Clans der Aborigines auf den uralten Pfaden aus der Traumzeit reisten, daß sie schon seit Zehntausenden von Jahren an bestimmten heiligen Orten zu bestimmten Zeiten mit den Schöpferischen Ahnen in Kontakt treten, den Urmächten, die ihr Land gestaltet und die Menschen in ihm geschaffen haben? Hätten die Weißen überhaupt glauben *können*, daß diese mitunter wochenlangen Rituale und Zeremonien notwendig waren, nicht nur um den Bestand des Wildes und der Pflanzen in einer Region des Landes zu sichern, sondern auch, um in Kontakt mit den Mächten der Schöpfung zu bleiben und damit das dauerhafte Fortbestehen des Lebendigen in der Natur zu gewährleisten?

Die Zerstörung des Paradieses

Als die Schiffe aus der Geisterwelt 18 Jahre nach dem Besuch des Kapitäns Cook wiederkamen, viele Schiffe diesmal, begriffen auch die Aborigines im Südosten Australiens, daß diese Weißhäutigen keine Geister waren, sondern Menschen, die diesmal in böser Absicht gekommen waren, nicht als Gäste, sondern als Feinde, als Eroberer. Sie versuchten verzweifelt, sie von der Landung abzuhalten, aber die Weißen hatten mächtige, donnernde Waffen, gegen die die Aborigines mit ihren Speeren nicht den Hauch einer Chance besaßen. Sie mußten sich vom Strand zurückziehen, und dann spien die Bäuche der Riesenkanus etwas Schreckliches aus: Hunderte von Weißhäutigen, von denen manche eine gleichartige bunte Bekleidung und Waffen trugen, mit denen sie eine andere, größere Gruppe in Schach hielten, die offensichtlich keine Waffen tragen durfte. Sie brachten viele, den Aborigines unbekannte Dinge an Land, ebenso wie riesige, fremde Tiere, viel größer als das größte Känguruh. Manche waren massig und hatten Hörner, manche waren klein und hatten ein wolliges Fell, und eine Tierart war etwas ganz Besonderes: Die Fremden stiegen auf deren Rücken und ließen sich im Land herumtragen, wobei sie immer ihre Donnerwaffen trugen, vor denen man sich in acht nehmen mußte.

Es waren gut 1400 Weiße, die in Australien einfielen, um das Land für die britische Krone in Besitz zu nehmen und zu besiedeln. Über die Hälfte waren Strafgefangene, davon etwa 180 Frauen und 13 Kinder, die von gut 200 Soldaten bewacht wurden. Dazu kamen noch 440 Seeleute sowie 27 Soldatenfrauen mit 19 Kindern. Das Kommando hatte Kapitän Arthur Phillip, vom König auch zum Gouverneur der neu zu gründenden Kolonie New South Wales ernannt. Der deutsche Naturforscher und Schriftsteller Georg Forster (1754–1794), der an James Cooks zweiter Weltumsegelung teilnahm, hat in seinem Reisebericht *Neuholland und die britische Colonie in Botany Bay* das Wesentliche der königlichen Instruktionen an den Kapitän und Gouverneur Phillip festgehalten. Und die lauteten, ganz im Sinne aufklärerischer Humanität, so:

»Sie haben mit jedem möglichen Mittel zu versuchen, mit den Eingeborenen einen Verkehr anzuknüpfen und ihre Zuneigung zu gewinnen, wobei Sie allen Untertanen einschärfen sollten, mit ihnen in Freundschaft und Güte zu leben. Und wenn einer unserer Untertanen sie mutwillig töten oder unnötigerweise in die Ausübung ihrer verschiedenen Besitzrechte eingreifen sollte, so ist es Unser Wille und Unser Wohlgefallen, daß Sie solche Verbrecher ihrer Strafe nach der Schwere des Vergehens zuführen lassen.«

Die Praxis sah anders aus. In den Augen der Aborigines führten sich die Weißen wie die Barbaren auf: Sie fielen mit Hacken und Beilen über das Land her, sie rissen den Boden auf, sie fällten die Bäume ohne jegliche Rücksicht auf Gräber und andere heilige Stätten, und sie interessierten sich nicht für das, was man ihnen sagte. Sie gaben sich nicht die geringste Mühe, irgend etwas zu verstehen. Und wer sich ihnen mit dem Speer in den Weg stellte, den töteten oder verletzten sie mit ihren fürchterlichen Waffen. Sie bauten ihre häßlichen Häuser an Orte, die wegen ihrer Bedeutung und Heiligkeit kaum ein Mensch betreten durfte, sie trieben sogar ihre Tierherden auf heiliges Land. Ganz im Gegensatz zu den heuchlerischen königlichen Instruktionen, die Ihre Majestät dem Zeitgeist der Aufklärung schuldig zu sein glaubte, verfuhr die Kolonialmacht Großbritannien im Prinzip so, wie sie es schon immer getan hatte: Das Land wurde mit Gewalt erobert, es wurde den Einheimischen weggenommen.

Es gibt jedoch einen gravierenden Unterschied zu einer klassischen Eroberung, bei der ein Land seinen Besitzern geraubt und die einheimische Kultur mehr oder weniger vernichtet wird: Aus englischer Sicht gab es in Australien weder Landbesitzer noch überhaupt eine Kultur. Sie erklärten den ganzen Kontinent einfach zur »terra nullius«, zum Niemandsland, das keinen Besitzer hat. Als Begründung für diese sehr seltsame Erklärung – immerhin war das Land ohne Zweifel bewohnt – diente ihnen die »Definition«, daß bei frei umherschweifenden Wildbeutern von »Landbesitz« nicht die Rede sein könne. Wegen dieser haltlosen Proklamation – die im klassischen Völkerrecht durch nichts legitimiert ist – werden noch heute, im Jahr 2000, Prozesse zwischen Aborigines und Bergbaugesellschaften geführt. Die Uraustralier müssen auch heute noch juristisch für die Gebiete kämpfen, die ihnen in den siebziger Jahren des letzten Jahrhunderts nur sehr widerwillig zugestanden wurden. Den Global Players von heute sind die Rechte der Aborigines gleichgültig, wenn sich in deren Reservaten Uran oder Bauxit oder sonst etwas findet, das Profit verspricht.

Mit der Doktrin von der »terra nullius« wurde den australischen Nomaden also das Recht abgesprochen, das Land, in dem sie schon immer lebten, auch zu besitzen, gerade deshalb, *weil* sie Nomaden waren. Dazu kam noch ein zweites Argument, das dazu diente, den Landraub zu rechtfertigen: Man unterstellte den Australiern, nicht genug Verstand und »Menschenvernunft« zu haben, um ein Land besitzen zu können. Diese »Primitiven« *wußten* nicht, daß ein Land jemandem gehören müsse, daß es bebaut und seine Bodenschätze ausgebeutet werden müßten, denn dazu war das Land ja da. »Macht euch die Erde untertan«, stand schon in der Bibel, und doch machten diese »Austral-Neger« überhaupt nichts mit der Erde. Dabei lebten sie in einem wunderschönen Land, mit dem man eine ganze Menge anfangen konnte.

Es war also eine Eroberung ohne einen richtigen Krieg, denn man brauchte – anders als in Indien oder Nordamerika – keine Kolonialarmeen. Die armseligen Eingeborenen besaßen keine Kampftruppen, geschweige denn eine Armee. Sie hatten nichts außer ein paar lächerlichen speerschwingenden »Kriegern«, die zwar persönlichen Mut zeigten, aber offensichtlich keinen Schimmer davon hatten, daß zum Widerstand auch eine Organisation nötig war. Ihre Gegenwehr war für englische Soldaten nicht ernst zu nehmen. Allerdings wird noch heute gern verschwiegen, daß die Aborigines anfangs *überhaupt* Widerstand leisteten – ein hoffnungsloses Unterfangen. Zu ihrer waffentechnischen Unterlegenheit kam erschwerend hinzu, daß sie nicht gewöhnt waren, zu kämpfen oder Krieg zu führen, hatten sie ihre Probleme seit Zehntausenden von Jahren doch auf andere Weise zu lösen vermocht. Nach manchen Schätzungen sollen die Aborigines in den ersten sechzig Jahren der Kolonialzeit bei sporadischen Attacken etwa einhundert, nach anderen Schätzungen bis zu tausend Weiße getötet haben. Die Zahl der getöteten Aborigines wird für diesen Zeitraum vorsichtig auf 20 000 geschätzt, dürfte aber höher sein, denn in der Praxis hatte die hehre Vorstellung vom »edlen Wilden«, die in den philosophischen Salons Europas gepflegt wurde, keinen Einfluß auf die Vorgehensweise der Weißen in Australien. Den Aborigines wurden keine Menschenrechte zugestanden, sie galten als Untermenschen, als Halbtiere.

In den Jahren von 1832 bis 1850 kamen neben den Schiffsladungen von Sträflingen auch 200 000 freiwillige Auswanderer nach Australien, und alle brauchten sehr viel Land, denn sie wollten Schafe züchten und reich werden. Die Weißen raubten immer mehr Land, und schon im Jahr 1850 hatten sich 4000 Europäer ein Gebiet angeeignet, das sich von Queensland bis Südaustralien erstreckte und bislang vielen Aborigines als Lebensraum gedient hatte. Mit den Weißen kamen über zwanzig Millionen Schafe. Diese fraßen die Sammelgebiete kahl, und für sie wurde das Wild aus den Jagdgründen vertrieben oder abgeschossen. Mit jedem Europäer, der sich als Schafzüchter niederließ oder ein Bergwerk errichtete, gerieten die Uraustralier in schlimmere Bedrängnis.

Weil sie sich im Gegensatz zu den Schwarzen im kolonialen Afrika nicht versklaven ließen, da sie von ihrem Naturell her dazu nicht geeignet waren, trieb man im 19. Jahrhundert ihre systematische Ausrottung immer schärfer und mit immer widerwärtigeren Mitteln voran. Als Legitimation für den schleichenden Völkermord mißbrauchte man die neue Evolutionstheorie des Naturforschers Charles Darwin, indem man sie böswillig falsch interpretierte: Es sei eben ein Naturgesetz, daß die Stärkeren die Schwächeren verdrängten, und das gelte auch für die Menschheit. Deshalb sei es natürlich, daß die in der modernen Welt lebensunfähigen Steinzeitwesen allmählich »ausstürben«.

Die meisten Viehzüchter halfen dabei nach. Es wurden sogar Prämien für die Tötung von Aborigines ausgesetzt, und die englischen Herrenmenschen, die einst als Sträflinge und Soldaten gekommen waren, veranstalteten als sportlichen Wettkampf regelrechte Treibjagden auf Australier. Sie knallten sie ab wie Hasen oder Rehe. Zu diesen Massakern an den wehrlosen Australiern kamen auch noch die von den Weißen eingeschleppten Infektionskrankheiten wie Typhus, Pocken und Syphilis, wogegen die Aborigines keine Resistenz besaßen. All das hätte beinahe zur vollständigen Ausrottung der gesamten australischen Rasse geführt. Gemäß einer Zählung aus den vierziger Jahren gab es damals nur noch 20 000 Aborigines in ganz Australien; möglicherweise wurden dabei die Mischlinge jedoch nicht mitgezählt.

Kulturelle Unterdrückung

Zur Zeit der britischen Invasion gab es über 300, vielleicht sogar an die 500 Aboriginal-Sprachen und 600 bis 700 Dialekte, die mehr oder weniger eng miteinander verwandt waren. Heute sieht die Lage so aus: Kaum über zehn Prozent der Aborigines sprechen noch ihre indigenen Dialekte, und von den ursprünglich vorhandenen Sprachen sind zwei Drittel »ausgestorben« – wie es in westlicher Schreibweise verschleiernd heißt – oder werden nur noch von einigen wenigen Alten gesprochen. Und nur etwa zwanzig der übriggebliebenen Sprachen werden heute noch unterrichtet. Der Grund für das »Aussterben« der Sprachen lag nicht nur in der physischen Vernichtung ihrer Sprecher, sondern auch in der kulturellen Unterdrückung der Überlebenden. Sie führten ein Dasein als Entmündigte und Entrechtete, als Untermenschen, die in Reservate gepfercht wurden und unter strenger Beaufsichtigung standen, als Gefangene, die so gut wie nichts ohne Erlaubnis tun durften. Es wurden Sondergesetze erlassen, nach denen sie kein eigenes Einkommen haben durften, sie durften nicht ohne Erlaubnis heiraten, keine Hunde besitzen und keinen Alkohol. Sie, die seit Zehntausenden von Jahren als Nomaden unterwegs waren, besaßen auch keinerlei Freizügigkeit mehr, sondern mußten an dem Ort leben, der ihnen von den weißen Herren zugewiesen wurde.

Die Mischlingskinder, die von den Frauen der Aborigines geboren wurden, nachdem sie in die Hände der Weißen gefallen waren, nahm man den Müttern später einfach weg. Doch ihre Väter lernten die Kinder trotzdem nie kennen. Denn man wollte mit ihnen lediglich ausprobieren, ob sich die Mischlinge, die durch den Anteil weißen Blutes um eine Stufe »aufgewertet« waren, als zwar zweitrangige, aber vielleicht doch nützliche Mitglieder in die weiße australische Gesellschaft integrieren ließen. Auf diese Weise schuf das weiße Australien eine Kaste von Entwurzelten, die sogenannte »gestohlene Generation«.

Vor allem aber versuchten die Weißen, die Sprache und damit natürlich auch das »andere« Denken der Aborigines, ihre kulturelle Identität, zu vernichten. Es wurde ihnen in vielen Teilen

Australiens verboten, in ihrem Idiom zu reden; es wurde ihnen verboten, ihre zeremoniellen Lieder zu singen oder überhaupt Rituale zu vollziehen. Dadurch gingen sehr viele Sprachen und mit ihnen viele Geschichten aus der Traumzeit verloren. Viele Aborigines sprechen heute ein »aboriginales Englisch« besser als die »tote« Sprache ihrer Clans; viele sprechen auch das sogenannte »Kriol«, eine kreolische Sprache. Diese beiden Sprachen – darunter auch das Kreolische der Torresstraße – sind inzwischen zur Lingua franca zwischen den verschiedenen Gruppierungen und Gemeinschaften der Aborigines geworden. Sie erfüllen als den ganzen Kontinent übergreifende Verständigungsmittel zwar einen praktischen Zweck, nämlich die ethnische Identität der Aborigines zu verstärken, aber sie sind natürlich kein Ersatz für den Verlust an kultureller Substanz. Die meisten gegenwärtigen Aboriginal-Sprachen werden nur noch von sehr wenigen Menschen gesprochen. Die größten Sprachgruppen – die Dialekte der Western Desert, der Aranda- und Warlpiri- Sprache – werden nur noch von 3000 bis 4000 Menschen beherrscht.

All die genannten diskriminierenden Gesetze galten bis in die siebziger Jahre des 20. Jahrhunderts, aber sie haben ihr Ziel, die Vernichtung der kulturellen Identität der Aborigines, nicht erreicht. Als die Weißen sich nicht mehr trauten, die Australier einfach umzubringen, weil es ihrem politischen Ansehen in der Welt geschadet hätte, versuchten sie, die Einheimischen mit diesen Gesetzen an der Ausübung ihrer Kultur zu hindern. Sie nahmen ihnen damit jede Möglichkeit einer menschenwürdigen Existenz.

Und fast wäre es geschehen, fast wäre die älteste Kultur der Menschheit durch europäische Ignoranz und Gier völlig vernichtet worden. Denn viele heilige Geschichten, in denen ein tiefes transzendentes Wissen verborgen ist, sind mit dem Tod ihrer Bewahrer verlorengegangen. Viele heilige Orte sind zerstört. Doch auch wenn es das Land, in dem die Aborigines nach den Gesetzen der Schöpferischen Ahnen aus der Traumzeit im Einklang mit der Natur lebten, nie mehr geben wird – es leben auch heute noch Alte Weise, zumeist Männer, aber auch Frauen, die in ihrer metaphysisch ausgerichteten Kultur hohe Initiationsstufen erreicht haben. Und manche von ihnen vermögen Dinge zu tun, die westlichen Weltvorstellungen zufolge ein Mensch einfach nicht tun kann. In der ethnologischen Forschungsliteratur sind Fälle zitiert, in denen diese »Clever Men« sich über die Regeln unserer physikalischen Welt hinweggesetzt haben und Fähigkeiten zeigten, die sich nur als magisch bezeichnen lassen. Diese sogenannten Klugen Männer, die Schamane, Arzt und Philosoph in einer Person sind, haben Teile eines uralten Wissens bewahrt, ein ursprüngliches Wissen, das unserer Kultur abhanden gekommen ist, das wir vergessen und verdrängt haben.

Verständigungsprobleme

Fast allen Europäern blieb diese genuin metaphysische Weltsicht der Aborigines bis in die Mitte des 20. Jahrhunderts weitestgehend verborgen. Galarrwuy Yunupingu, ein Aborigine und Journalist, hat die problematische Verständigung zwischen Uraustraliern und britischen Eroberern einmal so zusammengefaßt: »Sehr wenige Weiße haben jemals versucht, eine unserer Sprachen zu erlernen, und die englische Sprache ist völlig ungeeignet, unser Verhältnis zu dem Land unserer Vorfahren zu beschreiben. Wir sehen die Welt anders als ihr.«

Dieser »andere« Blick auf die Wirklichkeit bestimmt nicht nur das ganze spirituelle Denken der Aborigines, sondern auch ihre gesamte Existenz, also auch ihre Wahrnehmung und ihre Sprache. Die Aborigines sind in der Lage, für jeden nur denkbaren Aspekt in der Natur, für jede einzelne Pflanze, jeden Baum und jedes Tier eine Unzahl unterschiedlicher Wörter und Begriffe zu prägen, aber sie kennen keine Begriffe für abstrakte, verallgemeinernde Kategorien wie »Baum«, »Pflanze« oder »Tier«. Ihre Dialekte kennen Hunderte von Bezeichnungen für jede Baumart, und eine Vielzahl von Einzelbäumen trägt wiederum einen ganz eigenen Namen. Für die Tiere gibt es je nach der Phase des Fortpflanzungszyklus, in der sie sich gerade befinden, verschiedene Bezeichnungen für ein und dieselbe Art. Der Wortschatz der Aboriginal-Dialekte ist dementsprechend so groß, daß es für einen Menschen westlicher Denkart praktisch unmöglich ist, eine der Sprachen vollständig zu beherrschen. Die westlichen – durchaus wohlmeinenden – Forscher, unsere Anthropologen und Psychologen, interpretierten die aboriginale Sichtweise der Welt als einen Mangel an Vernunft und eine bedauerliche Armut des Denkens – denn die Fähigkeit zu verallgemeinern und anderweitig zu abstrahieren gilt in unserer Kultur gewissermaßen als Eintrittskarte zur Zivilisation.
Für *unser* logisches Denken ist es bezeichnend, daß wir die Dinge in Arten und Kategorien einteilen, wir haben abstrakte Begriffe, unter denen wir die tatsächlichen Erscheinungen einordnen: Säugetiere, Vögel, Fische, Bäume usw., und damit haben wir die Vielzahl der Einzelerscheinungen gut archiviert. Für einen Aborigine macht eine solche Unterteilung der Wirklichkeit keinen Sinn. Aus seiner Sicht zwingen wir Westler der Welt eine Ordnung auf, anstatt sie in ihrer tatsächlichen Vielfalt

wahrzunehmen. Unsere Kategorisierungen führen schließlich dazu, daß wir all die vielfältigen Unterschiede der Wirklichkeit nicht mehr sehen können; wir werfen quasi alles in einen Topf, und auf diese Weise verschleiern wir die Vielfalt der Wirklichkeit, anstatt sie zu erkennen. Der englische Philosoph Bertrand Russell hat die Problematik, die sich für unser westliches Einteilen der Wirklichkeit in Kategorien – das für *uns* zweifellos äußerst sinnvoll ist – einmal so auf den Punkt gebracht: »Die Klasse der Elefanten ist kein Elefant.«

Und weil das so ist – deshalb ist aus der Perspektive der Aborigines unsere Betrachtungsweise ebenso überflüssig wie unsinnig und außerdem schädlich für die Erde und den Menschen. Sie verschleiert nicht nur den Blick auf die realen Dinge, sie führt uns nicht nur zum Raubbau an der Erde, sondern sie verstellt uns Weißen obendrein auch noch den direkten Zugang zu den Mächten der Schöpfung, den Zugang zu dem, was die Aborigines »Traumzeit« nennen.

Wir kennen inzwischen einiges aus dem komplexen geistigen Universum der Aborigines. Zum einen, weil wir gelernt haben, überhaupt und besser zuzuhören, zum anderen, weil die Aborigines bereit waren, uns einen gewissen Einblick in ihre geistige Welt zu erlauben. Natürlich bestimmen sie selbst, wieviel sie von ihrem Wissen preisgeben, und zu tiefe Einblicke in bestimmte Geschichten bleiben uns verwehrt. Vielen von ihnen ist jedoch daran gelegen, daß wir weißen Besitzmenschen verstehen, was es bedeutet, als Mensch auf der Erde zu leben. Dann, so hoffen sie, würden wir mit der Natur und dem Geschenk des Lebens behutsamer umgehen. Der Mensch jedenfalls ist in ihrem Weltverständnis nicht der Besitzer des Landes, auf dem er lebt, oder gar der Beherrscher der Erde. Wenn der Mensch das von sich glaubt, geht er in die Irre und wird zum Zerstörer der Erde.

»Ihr Weißen«, so die Meinung aller Aborigines, »ihr Weißen habt vergessen, daß ihr Geschöpfe seid. Wie kann denn ein Geschöpf die Schöpfung besitzen? Nur wer die Macht hat, die Welt zu schaffen, kann sie auch besitzen. Ihr Weißen habt das nicht verstanden. Ihr habt den Kontakt zu euren Schöpferischen Ahnen verloren.«

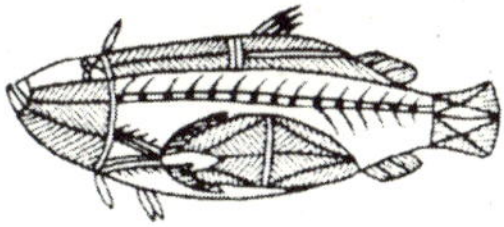

III DIE INNENSEITE DER WELT

Ein uraltes Wissen

Alle Kulturen der Erde besitzen Mythen, ebenso großartige wie bizarre Geschichten, in denen sehr anschaulich und farbenprächtig erzählt wird, wie die Welt entstanden ist und nach welchen Urgesetzen sie funktioniert. Doch gerade dieses Anschauliche, das Bizarre und Farbenprächtige der mythischen Erzählungen ist wohl auch der Grund dafür, daß viele Zeitgenossen sie als Ammenmärchen ablehnen, ohne überhaupt einen Blick darauf zu werfen. Sie sehen in den Mythologien der Völker unglaubwürdige Geschichten, Relikte einer frühen, prä-logischen Denkstufe der Spezies Mensch, Überlieferungen aus einer Zeit, als es mit dem Nachdenken und Erklären noch nicht so richtig klappte.

Eine solche Betrachtung der alten, mythischen Geschichten ist jedoch schon lange überholt, spätestens nach den psychologischen Forschungen von C. G. Jung. Daß mit größter Wahrscheinlichkeit mehr Dinge zwischen Himmel und Erde existieren, als sich unsere westliche Schulweisheit träumen läßt und unsere Meßgeräte feststellen können, haben unsere Naturwissenschaftler bewiesen. Mit immer feineren Untersuchungsmethoden stellten sie fest, daß die Dimensionen der Welt nicht dort aufhören, wo die Möglichkeiten unserer Untersuchungsapparate enden. Keine unserer Wissenschaften kann bis heute zweifelsfrei erklären, wie die Welt entstanden ist oder gar *warum* sie entstanden ist. Die Urknalltheorie ist zwar plausibel nach allem, was wir bisher über das Universum feststellen konnten, aber weder die klassische Physik noch die Quantenphysik können eine akzeptable Antwort darauf geben, *warum* es überhaupt zu einer Urexplosion gekommen ist. Alle wissenschaftlichen Spekulationen, die sich auf die *Ursache* des Urknalls richten, sind nichts anderes als moderne, *wissenschaftliche Mythen* – und mitunter sind sie den Erklärungen, die sich in den ältesten Mythen der Menschheit finden, vom Inhalt her verblüffend ähnlich. Die wissenschaftliche Vermutung zum Beispiel, daß vor der Entstehung des physikalischen Universums ein – oder mehrere – Energiefelder existierte(n), finden wir auch in den uralten Mythen. Nur werden diese Urenergien in den Geschichten als Wesen personifiziert, und keines dieser Urwesen hat den Namen »Quantenfeld« bekommen. Und so manche Erkenntnisse der Steinzeitphilosophen decken sich nicht nur mit neuen naturwissenschaftlichen Erkenntnissen, sondern entsprechen auch den Erkenntnissen der modernen Tiefenpsychologie.

Die »Autoren« der alten Mythen haben eigentlich nur folgendes gemacht: Sie packten mehr oder minder abstrakte Botschaften in Geschichten, in denen mehr oder minder heldenhafte Personen Dinge erleben und tun. Unsere heutigen Schriftsteller und Regisseure gehen genauso vor, wenn sie ihre Botschaften in Form von Romanen, Filmen und Theaterstücken aufbereiten. Und wenn man die wirklich großen Werke der Literatur, des Theaters und des Films betrachtet, wird deutlich, daß hinter der Oberfläche der Handlung auch immer ein tieferer Sinn steckt, der uns etwas Elementares über die Beschaffenheit der Welt und der Menschen vermittelt.

Je mehr wir über die Traumzeitgeschichten der australischen Ureinwohner, über ihr Denken und über ihre Weltsicht erfahren, um so deutlicher wird, daß in diesen ältesten Erinnerungen der Menschheit an ihr Leben auf der Erde manche Kenntnisse über das Entstehen und Funktionieren der Welt und die Rolle des Menschen in ihr verborgen sind. Manches von dem, was später in Europa von namhaften Philosophen verschiedener Epochen vorgetragen wurde, manches von dem, was in den Mythen der ägyptischen und hinduistischen Religionen aufgezeichnet ist, findet sich schon in der um Zehntausende von Jahren älteren Mythologie der Aborigines, die bis zum heutigen Tag von Generation zu Generation mündlich weitergegeben wird.

Natürlich stellt sich die Frage, warum bedeutende Botschaften und elementares Wissen in einer so bizarren Weise als wundersame mythische Geschichten überliefert werden. Erschwerend kommt hinzu, daß die Kultur der Aborigines keine Schriftkultur ist. Trotzdem mußte das gesammelte Wissen über Äonen weitergereicht werden. Es war einerseits ein praktisches Wissen über die Jahreszeiten, die klimatischen Verhältnisse in bestimmten Regionen und das Verhalten der Tiere, andererseits war es auch ein spirituelles Wissen, das Antworten auf die Urfragen des Menschen gibt: Wie entstand die Welt? Gibt es außer unserem physikalischen Universum noch andere Dimensionen der Welt? Wie funktioniert diese Welt, und welche Rolle spielt der Mensch in ihr? Hat er nach seinem körperlichen Ableben Anteil an einer metaphysischen Dimension der Welt, an einem Jenseits?

Die Bewahrung und Weitergabe dieses Wissens ist sowohl in physischer wie in geistiger Hinsicht lebenswichtig, denn sie läßt die Aborigines weder in ihrem Land noch in ihrem Geist jemals in die Irre gehen. Wie aber transportiert man wichtige Informationen durch die Jahrzehntausende, ohne sie aufzuschreiben?

Zum einen verfügen die Uraustralier über ein erstaunliches Gedächtnis. Es ist für einen Europäer unfaßbar, welche ungeheure Menge Informationen manche von ihnen aus dem Gedächtnis abrufen können. Die Liederzyklen der diversen Mythen haben zahllose Strophen, die Erzählungen, die Liedtexte und die Tanzbewegungen sind äußerst vielfältig und sehr nuanciert. Die Aborigines müssen nicht nur die Mythologie des eigenen Stammes präzise im Gedächtnis bewahren, sondern sind durch ihre komplizierten totemistischen Verwandtschaftsverhältnisse auch dazu verpflichtet, die spezifischen Mythengeschichten anderer Stämme und Clans genau zu kennen. Wenn sie, was des öfteren vorkommt, als Treuhänder das Land eines Clans hüten, der fast »ausgestorben« ist, so müssen sie auch dessen Zeremonienvielfalt beherrschen. Wie gut das Gedächtnis der Aborigines funktioniert, wird einem vor Augen geführt, wenn man versucht, eine ihrer Sprachen zu lernen. Ihre Lehrer sind immer wieder erstaunt darüber, daß man ein Wort – und sei es eine noch so entlegene Vokabel – vergessen kann, wenn man es einmal gehört hat. Für Aborigines ist es lächerlich, wie schnell wir Weißen Vokabeln vergessen.

Natürlich lernen die Aborigines nicht Texte auswendig, die mit den Heiligen Büchern jüngerer Religionen zu vergleichen wären. Höchstwahrscheinlich ist kein Mensch in der Lage – zumindest nicht zu seinen Lebzeiten –, Texte vom Umfang des hinduistischen Mahabharata, der jüdischen Thora, der Bibel oder des Koran auswendig zu lernen. Damit sie die Inhalte der umfangreichen Mythen ohne Schrift weitergeben konnten, entwickelten die Aborigines verschiedene Strategien, um ihr Gedächtnis auf dieses enorme Leistungsniveau zu bringen.

Die erste Strategie besteht in der Zusammenfassung von Wirklichkeit in Metaphern und Bildern. Erinnern wir uns an Kapitän James Cook: Er ist in die aboriginale Geschichte eingegangen als »der Cook«, als eine symbolische Figur, in der alle todbringenden Weißen zusammengefaßt sind, eine Metapher für die Zeit der Vernichtung und Unterdrückung und all ihre grausamen Ereignisse. So wie Cook als Metapher für eine Reihe historischer Geschehnisse steht und einen bestimmten Bereich von Empfindungen abdeckt, so sind auch die Ereignisse der Traumzeit in mythischen Bildern zusammengefaßt und ausgedrückt worden.

Die zweite Strategie zur Speicherung und Vermittlung großer Informationsmengen besteht darin, die Metaphern auf verschiedene Arten darzustellen. Über die Wesen der Traumzeit, die Schöpferischen Ahnen, gibt es Erzählungen, aber auch Gesänge, die sich bei der Weitergabe der Geschichten an die nächste Generation gegenseitig ergänzen. Weitere Mittel des Informationstransports sind Tänze, bildhafte Darstellungen und heilige Gegenstände. Auf diese Weise wird ein mythologisches Wesen der Traumzeit zu einem »Oberbegriff« für eine Vielzahl von Gedanken und Gefühlen, und die unterschiedlichen Medien der Darstellung und Übermittlung beleuchten das Phänomen von verschiedenen Seiten.

Westlichen Pädagogen ist diese Methode seit einigen Jahrzehnten auch vertraut, und Unterrichtsmodelle, in denen Botschaften audiovisuell vermittelt werden oder in denen eine aktive Teilnahme im Rollenspiel stattfindet, sind heute selbstverständlich. Auch unter Psychologen gibt es die weitverbreitete Ansicht, daß Metaphern als Kombination von Bild und Sprache besonders gut zur Vermittlung abstrakter Abläufe geeignet sind. Durch die Verwendung von Metaphern wird das Gedächtnis effektiver genutzt. Bilder behält man viel besser als Wörter, und konkrete Wörter behält man wiederum besser als abstrakte.

Die dritte Strategie ist ausgesprochen simpel und pragmatisch: Die mythischen Geschichten werden wieder und wieder erzählt, die Gesänge und Tänze immer wieder aufgeführt. Und in den zahlreichen Strophen der Lieder gibt es ständig Wiederholungen, wobei jede weitere Strophe nur wenig Neues enthält.

In diesen Medien – Erzählungen, Gesangszyklen, Tänzen und Rollenspielen – haben die Aborigines ihr uraltes Wissen aufbewahrt. Deswegen sind ihre Mythen im Gegensatz zu den Mythologien aller »zivilisierten« Völker keine tote, längst vergessene Angelegenheit, sondern lebendige Gegenwart. Die Geschichten der Traumzeit bestimmen bis auf den heutigen Tag das Leben der Uraustralier in allen Aspekten, jeder Aborigine bezieht seine Identität und psychische Lebenskraft allein daraus, daß er in Kontakt mit den Schöpfungsmächten der Traumzeit bleibt.

Die Ebenen der Wirklichkeit

Für Menschen mit westlicher Denkart und Wahrnehmung ist der Begriff »Traumzeit« schwer zu fassen. Er ist ohnehin ein Behelfswort, das nur annähernd übersetzt, was Aborigines darunter verstehen. Manche von ihnen verwenden das Wort »Dreamtime«, manche sagen im Englischen »Dreaming«, wenn sie anderen Völkern ihre Anschauungen mitzuteilen versuchen, doch es sind eben nur Annäherungen. Die »Traumzeit« oder das »Träumen« sind Begriffe, für die die Aborigines je nach regionalem Dialekt verschiedene Bezeichnungen haben. Die Pitjantjatjara im Nordwesten Südaustraliens nennen die heilige Schöpfungszeit *Tjukurrpa* oder *Tjugurba;* für die Aranda (oder Arrernte) Zentralaustraliens ist es die »Zeit der großen Macht«, die sie *Altyerre* oder *Aldjerinya* nennen, und im nordöstlichen Arnhemland heißt die Zeit, als die Ahnenwesen über das Große Wasser kamen, *Wongar* oder *Wangarr.* Es gibt noch zusätzlich eine Menge anderer Bezeichnungen, ebenso wie es eine große Anzahl von Mythen gibt, die sich in den Details unterscheiden.

Insofern verhält es sich mit der Mythologie der Aborigines nicht anders als mit unseren Schöpfungsmythen, in denen es ebenfalls viele Bezeichnungen für gleichartige mythische Wesen gibt, die in grauer Vorzeit am Werk gewesen sein sollen. Nach unserem Verständnis erschuf Gott die Welt vor sehr langer Zeit, wobei es gleichgültig ist, ob er sie aus Lehm gebaut hat oder den Urknall geschehen ließ. Dieser Vorgang ist abgeschlossen und hat mit unserem aktuellen Leben nichts zu tun. Die Religiösen unter uns gedenken der Schöpfung zu bestimmten, kurzen und vom Alltag losgelösten Zeiten und »feiern« sie im sonntäglichen Gottesdienst als eine göttliche Offenbarung aus ferner Vergangenheit – und zwar so fern, daß die Schar der Gläubigen in den Kirchen über die Jahrhunderte hin kontinuierlich abgenommen hat und die weißen Schamanen ihre Rituale manchmal vor fast leeren Bänken vollziehen müssen.

Das ist der Unterschied: Die Aborigines feiern die Schöpfung *tatsächlich*, und zwar in all ihren Aspekten als ein ewiges *Hier und Jetzt*. Für sie ist unsere Welt auch in der täglichen Gegenwart von den wirkenden Mächten der Traumzeit durchdrungen. Die Verbundenheit, die der einzelne mit den schöpferischen Mächten, den Ahnen der Traumzeit, fühlt, ist etwas völlig anderes als die meist kopflastige Gläubigkeit der »zivilisierten« Religiösen in Ost und West. Sie ist ein tief empfundenes, pulsierendes Lebensgefühl.

Für die älteste Kultur der Erde ist die »Periode« der Traumzeit ebenso ein Zeitabschnitt wie eine gegenwärtige metaphysische Kraft und Dimension. Aborigines können das *Djang*, die spirituelle Energie jener Schöpfungszeit, immer noch vergegenwärtigen und erleben, indem sie die von den Ahnen gelehrten Rituale und Zeremonien abhalten. Sie glauben, daß in ihnen – und in allem anderen in der Natur – ein Funke des göttlichen Bewußtseins glüht. Diesen können sie durch entsprechenden »Gottesdienst« zu einer Flamme entfachen, die ihnen einen Teil der Zeit und der Dimension erhellt, der alle Dinge und Wesen entstammen. Vielleicht stellt man sich die Traumzeit am besten als eine metaphysische Parallelwelt vor oder als eine Art »geistiges Grundmuster« der materiellen Welt, mit dem die Dinge und Wesen des physikalischen Kosmos auf geheimnisvolle Weise verbunden sind.

Bevor wir jedoch auf unserer Reise durch die mythische Welt der Aborigines in den Kosmos der Traumzeitgeschichten eindringen, in denen die vielnamige Regenbogenschlange, die *Maletji*-Gesetzeshunde, die *Waugeluk*-Schwestern und manch andere Schöpferische Ahnen die Welt gestaltet haben, müssen wir uns ein paar grundsätzliche Dinge klarmachen, die das weltanschauliche, das philosophische Denken der Aborigines und unsere abendländischen Ansichten über die grundlegende Beschaffenheit der Welt betreffen.

Die Vorstellung, daß die Traumzeit als eine metaphysische »Parallelwelt« neben unserer physikalischen Welt existiert, die Vorstellung, daß unsere dingliche Welt womöglich als eine Art »Spiegelbild« oder »Oberfläche« einer tieferliegenden, geistigen Dimension des Kosmos existiert, ist auch in der westlichen Kultur seit Jahrtausenden bekannt. Kein Geringerer als der griechische Philosoph Plato ersann etwa 400 Jahre v. Chr. eine philosophische Lehre, die in ihrer Grundannahme – aber bei weitem nicht in allem – mit den philosophischen Ansichten der Aborigines über die Traumzeit korrespondiert.
Die Urfrage, ob es eine metaphysische Dimension der Welt gibt, beantwortete der Grieche mit seiner *Ideenlehre*. Sie ist das Herzstück seiner Philosophie. Sie ist die große, grundlegende Hypothese, die er über die Beschaffenheit der Welt aufstellt. Nach seiner Ansicht existiert eine Dimension der Welt, in der die *Ideen* gewissermaßen als geistige Grundmodelle, als metaphysische Prototypen der materiellen Dinge existieren. Diese Ideen existieren aber nicht nur, sie sind sogar die *einzig wahre Wirklichkeit* – denn die Dinge und Wesen der materiellen Welt vergehen, die Ideen als metaphysische Urbilder derselben sind jedoch ewig. Sie existieren außerhalb von Zeit und Raum, außerhalb der uns *sinnlich* erfahrbaren Welt, und alles, was wir Menschen wahrnehmen können, ist nur ein unvollkommenes Abbild dieser Ideen. Wir sehen, wenn wir die Dinge betrachten, nur die Oberfläche einer tiefer liegenden Ebene der Wirklichkeit.

Werfen wir einen kurzen Blick auf die wesentlichen Unterschiede zwischen platonischem Denken und aboriginaler Philosophie, denn die Philosophie des alten Griechen hat unser westliches Weltbild entscheidend geformt und prägt unser Denken noch heute. Vielleicht liegt hierin ein Grund dafür, daß die Europäer die aboriginale Weltsicht so schwer verständlich finden.

Im sogenannten Liniengleichnis teilt Plato die Welt in vier Bereiche ein: Im ersten Bereich existieren die unwirklichen Dinge, zum Beispiel Spiegelbilder oder Schatten. Im zweiten Bereich existieren die physikalisch vorhandenen Dinge, also Lebewesen, Gegenstände und ähnliches. Der erste und zweite Bereich zusammen sind die für uns sinnlich wahrnehmbare *Welt der Erscheinungen*, in der wir als Menschen leben. Der dritte Bereich ist der des abstrakten Denkens. Und der vierte Bereich ist die Sphäre der Ideen.

In der genannten Reihenfolge haben die Bereiche einen immer höheren Grad an Wirklichkeit. So wie die Spiegelbilder nur Abbilder realer Dinge sind, so sind wiederum die sinnlich erfahrbaren Dinge nur Abbilder des Bereichs der Abstraktionen, und diese wiederum sind Abbilder der Ideen.

Der Grieche unterteilt die Wirklichkeit also in *vier* verschiedene Ebenen, während die Clever Men, die Philosophen und Schamanen der Aborigines, nur *zwei* Ebenen als wesentlich betrachten: die metaphysische Ebene der Traumzeit und die sie umgebende reale Welt, die Natur. Denn der Bereich der Abstraktionen und Kategorisierungen, der in unserem Denken dominant ist, erscheint ihnen als etwas völlig Gekünsteltes, rational Ausgeklügeltes, das für das tatsächliche Funktionieren der Welt keinerlei Bedeutung hat. In den Aboriginal-Sprachen gibt es nicht einmal eine Vokabel für unsere »Welt der Abstraktionen«, kein Wort für eine »geistige Zwischenposition« zwischen der Realität der Traumzeit und der Realität der stofflichen Welt. Es gibt nur *Tjukurrtjana* und *Yuti*, wie diese Bereiche in der Sprache der Pintupi genannt werden, nur die Traumzeit und die wahrnehmbare Welt. Nur Erscheinungen, die mit einem oder mehreren der fünf Sinne wahrgenommen werden, sind *Yuti*. Und was nicht zu *Yuti* gehört, ist *Tjukurrtjana*, gehört also zur Ebene der Traumzeit.

Unsere westliche Denkebene der Abstraktionen ist jedoch weder das eine noch das andere und deshalb in diesem Denksystem irrelevant. All unsere Theorien, unsere naturwissenschaftlichen und sonstigen Dogmen und Denkverordnungen sind für die Aborigines eher geistige Taschenspielereien und luftige Gaukeleien, die mit der Wirklichkeit der Welt wenig zu tun haben. Alle »Geschichten«, die sich nicht direkt auf faßbare Wahrnehmungen oder auf die ursprünglichen Traumzeitmythen beziehen, gelten als irreführend oder Unsinn.

Wie wenig ernst die Aborigines unsere Vorstellungen und Abstraktionen nehmen, mag folgendes Geschehnis illustrieren, das einem frühen Missionar in Australien widerfuhr:

Der Gottesmann hatte eines Tages beschlossen, das primitive Dasein der Aborigines, die man gezwungen hatte, in seiner Missionsstation zu leben, mit einer großzügigen Tat zu verbessern. Er führte sie an einen nahen Bach und begann sie zu taufen. Dabei erklärte er ihnen, daß die Wasserspritzer den unsichtbaren Makel der Sünde, der ihnen als Heiden anhafte, entfernten und sie von nun an ganz andere seien, nämlich zivilisierte Menschen mit einem richtigen Gott. Und so sollten sie sich von nun an auch verhalten.

Am nächsten Freitag nach der Taufe sah der Geistliche allerdings, wie ein getaufter Aborigine mit sichtlichem Appetit ein Stück Känguruhfleisch verzehrte. Daraufhin wies er ihn zurecht: »Du weißt doch, daß du freitags kein Fleisch essen darfst, seit du ein Christ geworden bist.«

Der Mann lächelte und antwortete: »Das ist kein Fleisch, das ist Fisch.«

Der Priester wurde zornig und drohte ihm damit, daß er seine Sünde nur verschlimmere, wenn er sie leugne.

Da wurde es dem Australier zuviel, und er erteilte dem Priester eine Lektion. Er antwortete ihm folgendes: »Letzte Woche hast du Wasser über mich gegossen und gesagt, ich hätte mich in einen ganz anderen Menschen verwandelt. Mit diesem Känguruh habe ich dasselbe getan. Ich habe Wasser darüber gegossen und es in einen Fisch verwandelt.« Dazu lachte er, als hätte er dem Missionar eine Freude gemacht, indem er auf dessen Witz eingegangen war.

Der Aborigine hatte also seine wundersame Verwandlung in einen anderen Menschen, von der er nichts bemerken konnte, nicht ernst genommen. Außerdem entsprach sie nichts von dem, was in den Traumzeitgeschichten überliefert war. Die Verwandlung war also weder *Yuti*, noch war sie *Tjukurrtjana*. Und damit war sie eine Abstraktion, eine Fiktion, eine lustige Einbildung, eine fixe Idee im Kopf des weißen Priesters, der keine Verbindung zu den Mächten der Traumzeit hatte. Deswegen konnte diese angebliche Verwandlung nichts bewirken.

Für einen Aborigine geschehen alle Ereignisse entweder in der stofflichen Welt, in der uns umgebenden Umwelt also, oder in der metaphysischen Welt der Traumzeit; und die Geschehnisse der Traumzeit haben immer wahrnehmbare Folgen im irdischen Leben. Wenn ein Clever Man, ein Schamane, so etwas unternahm, was der weiße Priester eine »Verwandlung« nannte, dann geschah *tatsächlich* etwas. Der *Mekigar* konnte zum Beispiel an zwei Orten zugleich sein, denn er hatte diese Fähigkeit von den Schöpferischen Ahnen, mit denen er wirklich Kontakt herstellen konnte. Wenn also eine spirituelle Handlung wie die seelische Verwandlung eines Menschen, die der weiße Schamane nach seinen Aussagen vorgenommen hatte, nichts Wahrnehmbares im Geist des Verwandelten hervorrief, dann war die Verwandlung ein fauler, unwirksamer Zauber.

Die tiefe Skepsis der Aborigines gegenüber den westlichen geistigen Errungenschaften und Fähigkeiten bezieht sich nicht nur auf die (nicht vorhandenen) magischen Fähigkeiten des weißen Priesters, der nur redet und nichts bewirkt; sie betrifft auch die »Ebene der Abstraktionen«, die im westlichen Denken und *Empfinden* im Vordergrund steht. Aus aboriginaler Sicht trennen Abstrahieren und Kategorisieren wie eine Mauer den Menschen von der direkten, mystischen Erfahrung göttlicher Mächte ebenso wie von einem natürlichen, naturhaften Leben. Für den Kontakt zum Göttlichen, zu den Schöpfungsmächten der Welt, sind Abstraktionen nicht nötig, ja sie sind für den Menschen und die Erde schädlich. Für die Aborigines sind wir Irrende: der natürlichen Welt und dem Göttlichen entfremdet, da sich dessen Wirklichkeit durch rationales Nachdenken nicht erfahren läßt.

Obwohl die Uraustralier die abendländische Schlaumeierei, mit der wir dem Göttlichen auf die Spur kommen wollen, ablehnen, stimmen sie der Kernaussage Platos zu: Diese Welt ist nicht nur ein rein physikalischer Kosmos, sondern es gibt eine geistige Dimension, aus der heraus die materielle Wirklichkeit entstanden ist. Und die materielle Welt ist nicht nur in grauer Vorzeit aus der metaphysischen Dimension entstanden, sondern sie steht auch heute in einer lebendigen Verbindung mit ihr.

Auch Plato war der Ansicht, daß die konkrete »Erscheinungswelt« auf irgendeine, nicht recht erkennbare Weise »Anteil« an der »Ideenwelt« habe; er sprach unter anderem davon, daß unsere stoffliche Welt die metaphysische Dimension »nachahme«. Gut 500 Jahre nach Platos Tod im Jahr 348 v. Chr. deuteten die Neuplatoniker die *Ideen* des Meisters als »göttliche Gedanken« um, in denen eine Vorstellung all dessen existiere, was einmal materiell entstehen soll. Unser stoffliches Universum galt den Neuplatonikern als eine *Emanation*, eine Ausströmung eines höchsten Prinzips, das man das Eine oder Gott – oder auch anders – nennen kann.

Für die naturbezogenen, der westlichen Abstraktionskunst abgeneigten Aborigines würden sich Platos »Ideen« als metaphysische Vor-Bilder der tatsächlichen Erscheinungen etwa so darstellen:

Wenn sie eine grüne Pflanze betrachten, dann wissen sie, daß deren Existenz schon ursprünglich im »Traum des Lichts« – der *Idee* des Lichts – enthalten ist. Aber nicht nur der komplizierte, geradezu wundersame Vorgang (daß durch das Spektrum des natürlichen Tageslichts, das vom Chlorophyll der grünen Blätter absorbiert wird, die Umwandlung von Energie in materielles Gewebe beginnt) ist bereits im Traum des Lichts enthalten – die Aborigines sagen sogar, daß auch die Lebewesen, die sich von den Pflanzen ernähren, im »Traum des Lichts« bereits enthalten sind.

Natürlich wurde der wohl bedeutendste Philosoph des Abendlandes von seinen Zeitgenossen danach gefragt, wie es *praktisch funktionieren soll*, daß aus seinen vermuteten metaphysischen Urbildern eine konkrete, stoffliche Welt entstehe. Durch welche *Kraft* werde bewirkt, daß sich diese *Ideen* in Raum und Zeit als Dinge und als Wesen realisieren?

Plato gab verschiedene Antworten auf diese schwierige Frage. Er sprach unter anderem von einer *Weltseele*, die alles im stofflichen Universum – ihrem Körper – bewege und unsterblich sei; er sprach sogar davon, daß der Kosmos selbst ein Lebewesen mit Körper, Seele und Geist sei. Der *alte* Plato nahm eine höchste und einzige Gottheit an, von der auch die Ideen stammten. Jahrhunderte später führte der Neuplatoniker Proklos aus Xanthos (gest. 485) – der sich übrigens als Reinkarnation des alten Pythagoras empfand – den theologischen Gedanken einer göttlichen Dreiheit ein: Das *Ur-Eine*, die *Kraft* und das *Seiende*. Das Seiende, zu dem natürlich auch unser Kosmos samt Lebewesen gehört, gehe durch die Kraft aus dem Ur-Einen hervor; die Weltseele, die *Kraft*, bilde die Brücke zwischen der Welt der Körper und der Welt des göttlichen Geistes.

All das deckt sich durchaus mit den philosophischen Ansichten der Aborigines. Die platonische »Weltseele«, die als zweite »Ausströmung« des Ur-Einen zwischen dem göttlichen Geist und der Dimension der Materie waltet, die sie durch ihre Kraft auch gestaltet, läßt sich mit der Großen Regenbogenschlange der Aborigines vergleichen. Dieses vielnamige und bedeutendste Schöpferwesen der Traumzeit formte ebenfalls das Land; alle lebenden Dinge werden im Leib der großen Regenbogenschlange getragen. Und sie, *Jarapiri*, *Warlu* oder *Kunukban*, ist es auch, die in den mythischen Geschichten versucht, von dem Ur-Einen das Große Wissen zu erlangen, um die Menschen daran teilhaben zu lassen.

Es gibt aber auch wesentliche Unterschiede zu den platonischen Grundlagen unseres Denkens. Außer der Ablehnung, welche die Aborigines unseren Abstraktionskünsten entgegenbringen, gibt es noch einen weiteren fundamentalen Unterschied:
In der Philosophie Platos, die unser gesamtes abendländisches Denken und Empfinden zutiefst geprägt hat, gilt die stoffliche, irdische Welt letztlich nur als ein mehr oder weniger *minderwertiges* »Abbild« der metaphysischen Ideensphäre. Für die Aborigines dagegen ist auch die stoffliche Ebene der Wirklichkeit, unsere natürliche Umwelt also, *heilig* – denn schließlich ist sie das zu Materie, zu Landschaft gewordene »Träumen« der Schöpferischen Ahnen. Die »Weltseele« der platonischen Philosophie ist für sie kein abstraktes Prinzip, sondern eine lebendige Kraft, von der unsere Welt *zu jeder Zeit* durchdrungen ist. Die göttliche Gegenwart in der Welt zeigt sich für die Aborigines in der Gesamtheit der Naturphänomene.
Die auf Plato zurückgehende abendländische Art, die Welt zu betrachten, hat die Glaubensinhalte der Weltreligionen des Christentums und des Islam entscheidend beeinflußt. In beiden Religionen findet man die Neigung, die stoffliche Welt und sinnliche Erfahrungen zugunsten von transzendenten oder idealen Zuständen abzuwerten oder abzulehnen. Der Zugang zum Göttlichen soll durch Abwendung vom »Weltlichen« erreicht werden. Die gleiche Tendenz finden wir natürlich auch in den hinduistischen Religionen und in dem aus ihnen entstandenen Buddhismus. Die Religion der Aborigines steht in diesem Punkt konträr zu allen großen Weltreligionen – im Gegensatz zu diesen betrachten die Aborigines die tiefe sinnliche Erfahrung der stofflichen Welt als das einzige Mittel, um das Vorhandensein der schöpferischen Kräfte zu erfahren.

Traum und Zeit

»Du, Herr, bist ewig, aber ich – ich springe in Zeiten auseinander, von denen ich nicht weiß, warum sie gerade eben so aufeinanderfolgen. Im Strudel eines Vielerlei zerstückt sich mein Denken, mein innerstes Leben, bis ich mit allem münde in Dir.« So stöhnte schon der heilige Augustinus der römischen Katholiken über das Phänomen der Zeit.

Dabei konnte er »zu seiner Zeit« von heutiger Zeittyrannei noch nicht einmal träumen. Die Uhr bestimmt unsere alltäglichen Aktivitäten, das Vergehen der Zeit ist für uns so bedeutend, daß wir an und in allen erdenklichen Gebäuden Uhren anbringen und zusätzlich eine Armbanduhr tragen, um ganz sicherzugehen, daß wir immer wissen, wie spät es gerade ist. Die Zeiger und Ziffern teilen das Leben in Vergangenheit, Gegenwart und Zukunft ein – aber was ist eigentlich an der Zeit *wirklich*? Bei genauem Zusehen ist nur die Gegenwart eine Realität, das unmittelbare Jetzt. Die Vergangenheit existiert nur in unserer Erinnerung. Und die Zukunft existiert nur in unserer Erwartung. Beide sind nicht eigentlich *wirklich*.

Genaugenommen, so könnte man kühn spekulieren, gibt es überhaupt keine Zeit. Es gibt nur Bewegung im Raum. Was wir einen »Tag« nennen und in 24 Stunden – sechzig Minuten – einteilen, ist letztlich nur eine willkürliche Unterteilung der Bewegung der Erde um die Sonne in kleine abstrakte Einheiten. Eine Unterteilung, die *wir* brauchen, um uns in der Wirklichkeit zurechtzufinden, die aber andererseits für das Funktionieren des Universums keinerlei Bedeutung hat. Das Phänomen »Zeit« findet womöglich nur in unserem Denken und Empfinden statt. Wegen der Beschränktheit des menschlichen Bewußtseins, der Beschränktheit unserer Wahrnehmungsfähigkeit, können wir die – mögliche – Gleichzeitigkeit aller Dinge nur in einem *Nacheinander* fassen. Was aber aus dem uns Unbekannten in unablässiger Folge vor uns auftaucht und vorüberzieht und sich in unserem Empfinden von Zukünftigem über Gegenwärtiges zum Vergangenen verwandelt, all das ist, so folgerte schon der heilige Augustinus, vor Gottes Auge gleich gegenwärtig.

Zeit ist eine relative Angelegenheit. Der ewige Gott oder das Göttliche ist zeitlos. Ob Tiere einen Zeitbegriff haben, läßt sich nicht mit Sicherheit feststellen. Wenn sie keinen für uns sinnvollen Zeitbegriff haben, was anzunehmen ist, dann wären wir Menschen die einzige Existenzform, die das Leben in ein *Nacheinander* einteilt, bei dem es – logischerweise – keine Gleichzeitigkeit geben kann. Der westliche Mensch ist genaugenommen nicht in der Lage, sich ein Nebeneinander verschiedener Zeitstufen vorzustellen – denn unser lineares Zeitempfinden ist so elementar in unserem Bewußtsein verankert, daß wir die Aufhebung von Zeitebenen nur schlecht denken können. Die indoeuropäischen Sprachen bringen uns von Kindesbeinen an bei, daß alles im Präsens, im Imperfekt oder im Futur existiere – etwas anderes ist nicht vorgesehen.

Der lineare Ablauf der Zeit vom Gestern ins Morgen ist für unser Weltgefühl so prägend, daß die Europäer kaum nachvollziehen konnten, welche Vorstellung von Zeit die Uraustralier haben. Erschwerend kommt hinzu, daß keine der vielen Aboriginal-Sprachen ein Wort für »Zeit« besitzt.

Die Traumzeit ist zwar auch in der Vorstellungswelt der Aborigines eine »urzeitliche« Schöpfungsepoche, und die Ahnenwesen waren vor langer Zeit am Werk – dennoch wird die Traumzeit in ihren religiösen Ritualen als *Gegenwart* gefeiert. Sie ist eben *nicht* nur eine ferne mythische Zeit, sie ist keine tote Vergangenheit, an die man sich erinnert, sondern sie ist gleichzeitig heutige Wirklichkeit, sie ist zu jeder Zeit gegenwärtig und wirkt in das Geschehen der Welt hinein. Für die Aborigines haben die Worte, die sie für die Traumzeit benutzen, also eine weitaus umfassendere Bedeutung, als die Vokabeln »Traumzeit« oder »Träumen« in unseren europäischen Sprachen implizieren.

Im Weltgefühl der Aborigines existiert alle »Zeit« auch im Augenblick der Gegenwart – und das entspricht nicht nur den Ansichten des heiligen Augustinus, sondern auch der Meinung vieler und namhafter Wissenschaftler heutiger Zeit. Die »Steinzeitphilosophen« haben also eine Vorstellung von »Zeit«, die sich frappierend mit den neuesten Forschungsergebnissen und Spekulationen unserer Naturwissenschaftler deckt. Im Kielwasser von Albert Einsteins Relativitätstheorie verbreitete und bestätigte sich die Erkenntnis, daß Zeit eine relative Erscheinung und die Einteilung in Vergangenheit, Gegenwart und Zukunft nur *eine* Möglichkeit ist, die Wirklichkeit zu begreifen.

Ein wichtiger Schritt, um Zugang zur Welt der Aborigines zu finden, besteht darin, unsere lineare Vorstellung von Zeit aufzugeben und sie durch die Vorstellung einer *Bewegung* zu ersetzen – und zwar nicht eine Bewegung von der Vergangenheit in die Zukunft, sondern eine, die man sich als Übergang von einem metaphysischen, einem virtuellen Zustand in eine stoffliche, gegenständliche Form denken muß. Mit ihren täglichen rituellen Tänzen und Liedern feiern die Aborigines diese »Zustandsänderung« der Wirklichkeit.

Die sichtbare Welt der Dinge und ihre unsichtbare Parallelwelt, die Traumzeit, sind gleichzeitig existent, genau wie die bewußte Wahrnehmung und der Strom des Unbewußten gleichzeitig in unserem Geist existieren. In der Wirklichkeit des »Traums« können alle Dinge gleichzeitig existieren, sogar Tag und Nacht finden *gleichzeitig* statt – und das tun sie ja auch in unserer physikalischen Welt: Während wir Europäer nachts schlafen, ist es auf einem anderen Ort des Planeten hellichter Tag.

Traumzeit, Wahrnehmung und Bewußtsein

Wir alle sind von Kindheit an durch das soziale Umfeld, in dem wir nach und nach lernen, wie wir diese Welt wahrzunehmen haben, einer Vielzahl von Vorurteilen und sogar Suggestionen ausgesetzt. Gelegentlich, besonders in der frühen Kindheit, machen wir allerdings Erfahrungen, die dieser kulturellen Norm nicht entsprechen, wir »sehen« dann die Welt mitunter aus einer Perspektive, die sich mit der Weltsicht der Erwachsenen nicht verträgt. Diese »Spinnereien« werden uns im Lauf der Zeit »ausgetrieben«, und ab einem gewissen Alter sind wir »vernünftig«, weil uns gar nichts anderes übrigbleibt, wollen wir nicht in der Psychiatrie landen.
So wird jede und jeder von Kindheit an intensiv darauf trainiert, die Welt so wahrzunehmen wie alle anderen Menschen in seinem Kulturkreis. Während dieses Lernprozesses wird die Wahrnehmung der Welt korrigiert und justiert – und das klappt hervorragend: Nach der Kindheit ist kaum noch jemand in der Lage, die Welt auf eine von der kulturellen Normalität abweichende Weise zu erfahren. Da ein solches Konditionierungsprogramm in unserer Gesellschaft seit Jahrhunderten abläuft, ist es nicht verwunderlich, daß wir mit den tiefer liegenden Schichten unseres Geistes, in denen andere Gesetze gelten als auf der Ebene unseres rational-logischen Bewußtseins, nicht mehr vertraut sind. Diese tieferen Bereiche unseres Geistes aber

sind für die Aborigines Geschenke der Schöpferischen Ahnen, und sie sind auch die einzige Möglichkeit des Menschen, einen Zugang zu den Informationen zu finden, die auf der Ebene der Traumzeit gespeichert sind.
Wir Weißen, so die Meinung aller Aborigines, sind wegen der einseitig vorherrschenden rationalen Perspektive von einem wichtigen Bereich unseres menschlichen Wesens abgeschnitten. Wenn etwas passiert, das nach den uns bisher bekannten Naturgesetzen nicht passieren dürfte – und das geschieht nachweislich immer wieder einmal –, dann müssen wir es ignorieren, weil es sich mit unseren Mitteln nicht erklären läßt. Oder wir glauben dann an »Wunder« – obwohl es sich um natürliche Auswirkungen von Ereignissen handeln könnte, deren Manifestationsebene dem menschlichen Geist im »Normalfall« unzugänglich ist.
Für Aborigines dagegen gibt es keine Wunder, oder anders gesagt: Sie haben keine Wunder nötig. Sie besitzen ein magisches Weltbild, in dem es über die physikalische Ebene hinaus noch eine andere Dimension gibt, in der Energien und Kräfte wirksam sind, deren Auswirkungen wir mitunter auch auf unserer Ebene der Existenz wahrnehmen können, sofern wir individuell dazu in der Lage sind. In unserem Kulturkreis gilt dagegen diese Regel: Menschen, die »Dinge« sehen, hören oder auf eine andere Art wahrnehmen, die sich nicht mit unserem Weltbild vereinbaren lassen, bezeichnen wir als mehr oder minder »geisteskrank«.
Während wir mit unserer Art der Wahrnehmung die Erscheinungen der Welt immer schärfer und genauer *trennen*, die ganze Welt also geistig in lauter Einzelteile zersplittern, geht die Wahrnehmung der Aborigines den entgegengesetzten Weg.

Ihre Art, die Welt wahrzunehmen, gleicht dem, was die westliche Schulmedizin *Synästhesie* nennt: das gleichzeitige Erleben von Sinneseindrücken aus verschiedenen Sinnesbereichen bei der Reizung von nur *einem* Sinnesorgan.

Diese Art der Wahrnehmung ist in unserem Kulturkreis durchaus nicht unbekannt, und wahrscheinlich kennt sie jeder von uns: Beim Hören einer bestimmten Passage aus einem Musikstück sehen wir plötzlich ein bestimmtes Bild deutlich vor unserem inneren Auge, das auf eine uns mitunter völlig unerklärliche Weise mit einer bestimmten Tonfolge zusammenzuhängen scheint, obwohl wir bei rationalem Zugriff keinen Zusammenhang erkennen können. So kann zum Beispiel eine bestimmte Farbe ein bestimmtes Hörerlebnis auslösen, oder ein bestimmter Geschmack kann eine ganz spezifische Farbwahrnehmung hervorrufen.

Starke synästhetische Empfindungen sind für die meisten Menschen hierzulande keine alltägliche Wirklichkeit, sondern die große Ausnahme, sie sind quasi »anormal«. Doch die Wissenschaft deckt allmählich auf, daß Synästhesie keine Anomalie ist, sondern allen Erinnerungsprozessen zugrunde liegt. Das Netzwerk von Verbindungen und Entsprechungen, das unser Bewußtsein mitunter erleben kann, wenn die Sinneswahrnehmungen ineinander übergehen, ist weder eine nervliche Fehlfunktion noch eine übersinnliche Illusion. Es ist die andere Art von Intelligenz, die ebenso zu unserem grundlegenden Wesen als Mensch gehört wie die westliche Kunst der Abstraktion.

Das Vermischen von Sinneswahrnehmungen eröffnet dem Geist eine umfassende Sicht auf ein Phänomen, und je größer die synästhetische Fähigkeit eines Menschen, desto präziser und reicher ist auch sein Gedächtnis. Völker mit der Tradition einer mündlich überlieferten Geisteskultur könnten ohne eine hochentwickelte synästhetische Wahrnehmung überhaupt nicht existieren.

Die »Dinge« der Wirklichkeit scheinen also auch auf eine Weise verbunden zu sein, die sich dem rational-analytischen Denken entzieht. Und dieses Prinzip gilt nicht nur für die persönliche, individuelle Wahrnehmung, es gilt für alle Phänomene der Welt: Nichts ist nur das, was es zu sein scheint – und auf einer bestimmten Ebene auch *ist* –, sondern alle Dinge haben auch eine verborgene Seite und stehen untereinander in Verbindungen, von denen die westliche Schulweisheit nichts ahnt oder nichts wissen will.

Für die Aborigines dagegen geht es im Leben darum, die tieferen *Zusammenhänge* zwischen allen Erscheinungen der Welt zu erkennen. Ihr ganzes Streben zielt darauf, die Fähigkeit zu entwickeln, die ewigen Elemente der Traumzeit zu entdecken und sich dadurch als Mensch im Einklang mit der Schöpfung zu entwickeln. Die Geistigkeit des Menschen, sein ganzes Bewußtsein, kann ihrer Ansicht nach eine »höhere Qualität« erreichen, wenn es ihm gelingt, den Kontakt zwischen den verschiedenen Ebenen des Geistes und der Wirklichkeit – Bewußtem und Unbewußtem – zu verstärken.

Weil in unserem westlichen Empfinden der Wirklichkeit kaum noch ein lebendiges Gefühl für die Verbindung zwischen der materiellen Welt und einer metaphysischen Sphäre vorhanden ist, können wir uns nicht einmal *vorstellen*, daß Menschen zu ihren irdischen Lebzeiten in der Lage sind, die Realität des Göttlichen in der Welt wahrzunehmen. Begegnen wir Menschen, die dies von sich behaupten, unterstellen wir ihnen Scharlatanerie oder Wahnsinn.

Entsprechend müßte es sich bei den Aborigines um eine Bande von Scharlatanen handeln oder um ein Volk von Geisteskranken, denn sie beharren auf ihrer Weltsicht, auch nachdem sie sich lange und gründlich mit der unsrigen auseinandergesetzt haben. Für sie ist *Alcheringa*, das Vermächtnis der Traumzeit, keine tote Erinnerung, sondern weiterhin lebendige Wirklichkeit, mit der sie in Verbindung stehen.

Der »Traum«, mit den schöpferischen Mächten in Kontakt treten zu können, ist andererseits auch in unserer Kultur ein uraltes Verlangen, eine uralte Sehnsucht. Aber dieses Empfinden hat nie die Gesellschaft als Ganzes ergriffen – die konsequenten Mystiker waren immer eine Randgruppe, auch wenn die Mystik in früheren Epochen wie dem Mittelalter eine weit größere Akzeptanz besaß als heute. Spätestens seit der europäischen Aufklärung im 18. Jahrhundert leben wir weitgehend in dem Bewußtsein, daß der rationale Zugriff auf die Wirklichkeit der einzig richtige sei. Ihm verdanken wir unglaubliche wissenschaftliche Fortschritte, während die australischen »Steinzeitphilosophen« auf einer frühen Entwicklungsstufe der Menschheit hängengeblieben sind. Oder anders: Wir haben Computer, während sie gerade mal den Umgang mit dem Feuer beherrschen.

Natürlich ist es sehr gut, daß wir heute Krankheiten heilen können, an denen die Menschen früher massenhaft gestorben sind, und auch, daß viele Erfindungen uns das Leben »erleichtern«, doch ist ein Vergleich auf dieser Ebene wenig sinnvoll. Selbst die überzeugtesten Stammesaborigines nutzen in Notfällen die Kunst der weißen Medizinmänner, denn sie gilt ihnen als eine der wenigen positiven Seiten unserer Kultur. Unser Problem ist ihrer Ansicht nach, daß wir über all unserem Höher, Schneller, Weiter den Kontakt zu den Schöpferischen Ahnen der Traumzeit verloren haben, deren Wirken unsere Welt erst zu dem geformt hat, was sie ist. Und seitdem wir diesen Kontakt verloren haben, seitdem unsere bewußte geistige Existenz auf die Rationalität reduziert ist – seitdem gibt es eine Leere in unserem Geist, die wir auch mit noch soviel Fernsehprogrammen nicht füllen können.

Der Verlust des Kontaktes zu einer metaphysischen Sphäre der Welt und zu den tiefen, unbewußten Schichten unseres Geistes, diese Leerstelle in unserer Existenz läßt sich nicht mit *irgend etwas* auffüllen. Gegen diese elementare Leere helfen weder Geld noch Macht, denn sie sind nur untauglicher »Ersatz« für das Lebensgefühl, in einem sinnvollen Zusammenhang zu existieren, der über die materielle Welt hinausgeht. Der Wunsch nach einem solchen Lebensgefühl hat sich in unserer Kultur immer wieder eine Bahn gebrochen, auch wenn unsere Geschichtsbücher nur sehr unzureichend darüber berichten.

Eine regelrechte Eruption dieses unterdrückten Teils unseres Wesens konnten wir in den siebziger Jahren des vergangenen Jahrhunderts erleben. Die kurze, nur ein knappes Jahrzehnt währende Kultur der Blumenkinder und Studentenrevolutionäre war nicht nur eine Epoche der kritischen Auseinandersetzung mit einer überkommenen Weltsicht, die zu brutalem Kolonialismus, permanenten kriegerischen Konfrontationen und zum Inferno des Zweiten Weltkriegs geführt hatte, es war auch eine Kultur des »Traumes«: Der Konsum von bewußtseinserweiternden Drogen war für viele junge Menschen auch ein Mittel, gegen die zerstörerischen Bewußtseinsinhalte der älteren

Generation zu »protestieren« und einen Weg zu suchen, in Frieden mit der Schöpfung zu leben.

Dieser Hippieaufstand gegen die Grundwerte des Materialismus ist zweifellos gescheitert. Das System hat ihn verdaut und gründlich kommerzialisiert. Gleichwohl hat dieser Aufstand positive Folgen. In diesem Aufflackern eines anderen Denkens wurde der Keim für einige weltweite Bewegungen gesetzt, die wir heute kennen: Dieser Dekade verdanken wir so etwas wie ein *Umweltbewußtsein* und auch eine Erinnerung an den Sinn für *Spiritualität;* auf diese kurze Epoche, in der »Love – Peace« im westlichen Denken kurz aufleuchteten, gehen sowohl Greenpeace und die internationale Friedensbewegung als auch die diversen Sekten und New-Age-Lehren zurück.

In den achtziger Jahren schwang das Pendel des Zeitgeists wieder kräftig in die andere Richtung; der Yuppie betrat die Bühne. Er hielt die Weltsicht der Hippies bestenfalls für liebenswerten Schwachsinn und machte sich ans Geldverdienen. Damit war der kurze Versuch unserer Gesellschaft, den Blick auf die Innenseite der Welt zu richten, wieder beendet. Der Yuppie hielt sich mehr an die Außenseite. Unsere Gesellschaft ist wieder so materiell eingestellt wie in den fünfziger Jahren. Oder stärker noch: An der Schwelle zu einem neuen Jahrtausend sind die westlichen Völker so stark auf die Außenseite des Lebens fixiert wie noch nie zuvor in der Geschichte.

Vom Innen und vom Außen

Ein Aborigine lernt schon sehr früh, daß die Dinge der Welt nicht nur materieller Natur sind. Ab dem Zeitpunkt der Beschneidung der Knaben und der beginnenden Menstruation bei Mädchen in der Pubertät werden die jungen Menschen von den

Älteren in eine Lehre eingewiesen, die besagt, daß alles in der Welt aus einem Äußeren und einem Inneren besteht. Die Außenseite ist der sichtbare, materielle Ausdruck des spirituellen Teils des Daseins.

Das Dasein ist überall doppelbödig, die Dinge sind niemals nur, was sie auf den ersten Blick scheinen. Wenn man eine bestimmte Bedeutung eines Phänomens erkannt hat, dann entdeckt man, daß sich dahinter eine weitere Bedeutung verbirgt, die auf eine andere Ebene der Wirklichkeit verweist. Es ist so wie in dem wunderschönen Märchen von Alice im Wunderland, in dem die Heldin durch den Spiegel schreitet und sieht, daß hinter der »normalen Welt« auch noch eine andere Dimension existiert. Alice erkennt, daß die Welt auf *unserer* Seite des Spiegels gewissermaßen eindimensional ist: lediglich die Oberfläche einer tiefer liegenden Wirklichkeit, die uns in unserem alltäglichen Leben verborgen bleibt.

Was in unserer Kultur nur einem kleinen Mädchen in einem Märchen möglich ist, nämlich einen Blick durch den Spiegel hindurch zu werfen, ist für die Aborigines ganz und gar kein märchenhaftes Geschehen, sondern ein natürlicher Bestandteil ihres Lebens. Sie leben in dem Bewußtsein, daß »hinter« oder »in« dem materiellen »Ding« – sei es ein Fels oder ein Baum – noch eine andere Wirklichkeit steckt. Ein Baum ist einerseits ein Baum, aber er ist auch eine »Person« – weil er das Produkt des Schaffens der Schöpferischen Ahnen ist, ein Teil ihres »Traums«, ihrer schöpferischen Energie. Für die Aborigines ist die metaphysische Wirklichkeit hinter der sichtbaren Welt die Basis ihres Daseins und Gegenstand tiefer philosophischer Betrachtungen. Und je tiefer etwas von der stofflichen Welt in die Sphäre der Traumzeit hineinreicht, um so geheimer und geheiligter ist alles, was damit zu tun hat, und es ist tabu für Außenstehende. Was direkt der inneren Seite der Wirklichkeit, der Traumzeit, zugeordnet ist, darf nie in der Öffentlichkeit, an der Oberfläche erscheinen.

Dies scheint in krassem Gegensatz dazu zu stehen, daß die aboriginalen Künstler ihre Werke inzwischen für klingende Münze an interessierte Weiße verkaufen. Aber sogar eine solche Feststellung ist »doppelbödig«, denn es handelt sich nur um einen scheinbaren Gegensatz, der sich auf einer tieferen Ebene von selbst aufhebt. Die heute weltberühmten Rindenzeichnungen, bestimmt für das allgemeine Publikum, sind durchaus kein »Geheimnisverrat«: Keines dieser Kunstwerke gibt etwas vom *Inneren* dessen preis, was es symbolisiert. Das beginnt schon beim Trägermaterial der Bilder: Sie sind auf Rinde gemalt, also auf die Außenseite von Eukalyptusbäumen. Somit sind sie öffentlich und dürfen verkauft werden.

Aber müssen nicht die Darstellungen darauf als heilig gelten? Auch hier gibt es Unterschiede zwischen der Außenseite und Innenseite, aber sie sind diffiziler. Wir, die wir diese Kunst in Museen und Kunstgalerien bewundern, begreifen bestenfalls die oberflächliche Bedeutung der Bilder. Im Ausstellungskatalog steht bei jeder Abbildung ein einfaches mythologisches Geschichtlein – hinter dem sich Abgründe von Bedeutungen und Verknüpfungen auftun, die sich nur den mythenkundigen Augen der Aborigines zeigen. Die Bilder enthalten durchaus tiefe Bedeutungen, aber diese werden nicht preisgegeben, weil wir sie nicht erkennen können. Deshalb dürfen die *barkpaintings* von Außenstehenden betrachtet und gekauft werden. Das Material ist Außenseite, und die oberflächliche Bedeutung, die man preisgibt, ist es ebenfalls.

Ganz anders verhält es sich mit den sakralen Darstellungen, die das Innere abbilden. Sie sind auf dem harten Holz hergestellt, das sich unter der Rinde befindet, und sie sind nicht für Außenstehende bestimmt. Diese Skulpturen symbolisieren die Innenseite der Welt, und sie werden wörtlich als »Knochen des Clans« bezeichnet. Aborigines sagen, daß diese Abbildungen die wahre Wirklichkeit repräsentieren, weil sie eine Verbindung zur Innenseite des Daseins darstellen, erfüllt von der Lebenskraft der Schöpferischen Ahnen, mit denen die Clans sich identifizieren. Solche Objekte werden unterirdisch aufbewahrt und nur an geheimen Zeremonienorten im Wald gezeigt. Unter der Erde ist die Innenseite, über der Erde die Außenseite.

Auch in der Sprache findet der Gedanke vom »Doppelcharakter« der Dinge seinen Ausdruck. So ist zum Beispiel der Alltagsname einer Känguruhart der äußere Name. Dieser Name bezieht sich auf das Tier selbst. Aber es gibt auch einen inneren Namen, der für das Känguruh als *Dreaming*, also als das Ahnenwesen in der Traumzeit, steht. Aus diesem Urwesen entstand diese Känguruhart, und ihm verdankt auch ein bestimmter Clan sein Dasein, dessen Mitglieder sich nach diesem Urkänguruh nennen. Daneben gibt es manchmal sogar noch Wörter für die Innenseite, die sich auf Teile des Traumzeitkänguruhs beziehen.

Auch bei den Eigennamen der Aborigines hat das Prinzip von Innen und Außen große Bedeutung. Sie bekommen mehrere Namen, wobei der folgende Name immer etwas heiliger ist als der vorangegangene. Der erste Name hat noch einen ziemlich öffentlichen Charakter. Man schreit diesen Namen nicht und spricht ihn besser auch nicht aus, wenn man böse ist; ansonsten aber kann man ihn ganz normal benutzen. Mit den weiteren Namen eines Menschen geht man jedoch immer vorsichtiger um.

Der erste Vorname eines Menschen ist gewissermaßen die äußerste Schicht der Außenseite, alle folgenden Namen verweisen immer tiefer auf die Innenseite seines Wesens und sind nicht für die Öffentlichkeit.

Die Kinder werden behutsam an das Prinzip von Innen und Außen herangeführt. Nach und nach wird ihnen das Wissen über die Innenseite des Daseins enthüllt. Kinder dürfen Namen aus diesem Bereich der Wirklichkeit nicht aussprechen, weil die bloße Nennung für die Betreffenden schon gefährlich sein kann. Eine verbreitete Strategie, die dazu dienen soll, das Aussprechen einheimischer Eigennamen zu vermeiden, besteht in der Annahme englischer Vornamen. Seit einigen Generationen bekommt jedes Aborigine-Kind auch einen englischen Vornamen. Dieser Name ist im Gegensatz zu den einheimischen Namen völlig neutral. Er trägt keine Bedeutung, denn er vermag nichts darüber auszusagen, wie es um die spirituelle Herkunft des Namensträgers steht, von welchem *Dreaming* er abstammt. Deshalb dürfen diese Namen im täglichen Umgang uneingeschränkt gebraucht werden.

Anfangs war die Auswahl der englischen Namen seltsam. Die Aborigines kannten nicht viele Namen, und es war ihnen im Grunde gleichgültig, was für einen Namen sie bekamen. So überließen sie die Namensgebung den Weißen. Wo die weißen Niederlassungen von Missionaren geleitet wurden, fiel die Entscheidung oft auf biblische Namen wie Joseph, Moses, Mary oder gar Lazarus. An manchen Orten kümmerten sich Beamte oder Krankenhausangestellte um die Namensgebung und wählten Namen aus, die ihnen gefielen. Oft spiegelte sich darin die Mode der Zeit. Als westliche Musik und Filme populär wurden, bekamen die Kinder der Aborigines oft Namen von Sängern oder Filmstars. Dies erklärt, weshalb heute ehrwürdige Eingeweihte unter den Aborigines mit Vergnügen auf Namen wie Elvis, Buddy, Humphrey, Frank oder Eddie hören. Diese Art der Außenseite, finden sie, ist eine wunderbare Fassade, um die geheime Wahrheit der Innenseite zu verbergen.

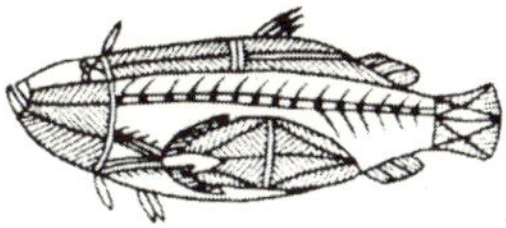

IV TRAUM UND OFFENBARUNG

»Heute nacht träumte ich, ich sei ein Schmetterling und flöge auf einer Wiese voller Blumen. Nun, da ich aufgewacht bin, weiß ich nicht recht, bin ich nun ein Mensch, der geträumt hat, ein Schmetterling zu sein, oder bin ich ein Schmetterling, der jetzt träumt, ein Mensch zu sein?«

Der Traum als Weg

Daß die Aborigines die Wörter »Traum« und »Träumen« verwenden, um das Grundsätzliche ihrer Kosmologie zu beschreiben, ist bemerkenswert. Für sie ist die höchste oder letzte Ebene der Wirklichkeit weder der »Himmel« der diversen Weltreligionen noch das abstrakte »Ideenreich« der klassischen Philosophie, weder das Brahman des Hinduismus noch das Nirwana der Buddhisten und erst recht nicht das physikalische Universum der Materialisten.

Die Uraustralier bezeichnen diese Ebene der Wirklichkeit mit einem Wort, das bei uns für die nächtlichen *unbewußten* Regungen unseres Geistes steht. So wie unser »privates« Unbewußtes zu jeder Zeit in uns wirksam ist, so wirkt nach Ansicht der Aborigines ein kosmischer Geist in der stofflichen Welt. Doch ebensowenig wie wir das Wirken unseres persönlichen Unbewußten direkt wahrnehmen können, vermögen wir mit unserem

Bewußtsein – im Normalfall – das Wirken des universalen Geistes in der Welt wahrzunehmen. So wie Schlafen und Träumen eine notwendige Kehrseite des Wachseins sind, so ist die Traumzeit eine innere, notwendige Seite der greifbaren Welt, die ohne sie nicht existieren könnte.

Altjiranga Ngambakala, ein Ausdruck, den die Aranda für die Traumzeit geprägt haben, bedeutet soviel wie »aus der eigenen Ewigkeit entstanden«, »unsterblich« oder auch »unerschaffen«. Zugleich impliziert der Ausdruck aber auch, »ewige Dinge zu sehen oder zu träumen«. Die Traumzeit ist also nicht nur eine längst vergangene mythische Epoche, die archaische Schöpfungszeit, eine heilige Zeit, in der die Regenbogenschlange und all die anderen Ahnenwesen die wunderbare Landschaft und die Fülle der Lebewesen in ihr schufen. Die Begriffe »Traumzeit« und »Träumen« beinhalten zugleich einen aktuellen und aktiven Aspekt: Der Mensch kann in lebendiger Verbindung mit der Traumzeit stehen, sein Geist kann, so er dazu fähig ist, schon zu Lebzeiten einen gewissen Zugang zu den »ewigen Dingen« erlangen.

Versuchen wir uns zu erinnern: In unserer kindlichen Vorstellung war die Welt voller Geheimnisse; sie war bevölkert mit Geistern und Gespenstern. Es gab die böse Hexe und die gute Fee, in den Büchern konnten die Tiere sprechen, und Zauberei war etwas Selbstverständliches. In den Kellern, so wußten wir genau, lebten schreckliche Geschöpfe, vor denen wir uns als Kinder fürchteten. Aus dem Heulen des Windes oder aus Schattenwürfen entstanden in unserer Phantasie Monster, vor denen gute Geister und starke Helden uns beschützen konnten.

So wie unsere Kinder bis zu einem gewissen Alter sowohl in der »richtigen« Wirklichkeit wie auch gleichzeitig in einer

»Traumwelt« leben, die ihren Kindsköpfen durchaus real erscheint, so verhält es sich nach Meinung mancher Zeitgenossen auch mit den »Wilden« dieser Welt, den archaischen Naturvölkern: Deren Sichtweise der Welt sei infantil, denn sie mäßen ihrer mythischen Traumwelt eine Realität bei, die diese nicht haben könne. Und die Bedeutung, die sie ihren nächtlichen Träumen und ihrer gesamten seltsamen »Traumwelt« beimäßen, sei schlichtweg unsinnig.

Diese kurzsichtige Betrachtungsweise ist in unserer Kultur immer noch weitverbreitet, doch seit sich die Tiefenpsychologie des 20. Jahrhunderts mit der »Innenseite« der Mythen befaßt, mit ihren Wurzeln, die in die tiefsten Schichten unseres Unbewußten, in die dunklen, unerforschten Bezirke unserer Psyche hinabreichen – seitdem *wissen* wir, daß die mythischen Erzählungen keine haltlosen Kinderphantasien der Menschheit sind. Um die aboriginale »Kultur der Träume«, die den Botschaften des Unbewußten einen Offenbarungscharakter zuschreibt, angemessen verstehen zu können, wollen wir die Uraustralier für kurze Zeit verlassen und uns mit dem Wesen der Träume beschäftigen.

Die empirische psychologische Forschung hat gezeigt, daß jeder Mensch in seinen Träumen einen Grundbestand an mythischen Bildern besitzt, der allen Menschen zu eigen ist, wenn auch in verschiedenen Ausprägungen. Aus der Perspektive der Tiefenpsychologie zeugen die magisch-mythischen Geschichten aus der Traumzeit womöglich davon, daß unsere Psyche in ihren allertiefsten Schichten mit einer geistigen Ebene in Kontakt steht, die weit über den individuellen Geist des Menschen hinausreicht. Somit könnte man gar behaupten, daß die Aborigines die Grundinhalte ihrer großen Schöpfungsmythen, die

Offenbarungen aus der Traumzeit, nicht *er*funden, sondern *ge*funden haben. Auch heute noch leben sie in der Gewißheit, daß der Traum ein Weg sei, um mit den Mächten der Traumzeit in Kontakt zu treten.

Vom Wesen der Träume

Unsere Träume sind die Sprache des Unbewußten, und es ist eine Bildersprache, in der das Unbewußte sich unserem bewußten Ich mitteilt. Soweit unser Wissen um den Menschen in der Geschichte zurückreicht, hat er schon immer versucht, diese Traumsprache zu verstehen und zu übersetzen. Die archaische Traumdeutung der sogenannten »Naturvölker« und auch die Traumdeutung in den antiken Hochkulturen hatten im Gegensatz zur heutigen einen mantischen Charakter und dienten hauptsächlich dazu, zukünftige Ereignisse vorausschauend zu erkennen. So hoffte man, sich entsprechend der Offenbarung verhalten zu können. Diese Art der Traumdeutung hat auch hierzulande Hochkonjunktur, und das ist ganz natürlich und verständlich. Die modernen Traumdeuter, Wahrsager und Hellseher erfüllen ein elementares Bedürfnis, das unter der Oberfläche unserer rationalen Weltsicht lebendig ist: Es ist unsere unterdrückte, archaische Sehnsucht, daß hinter all den sogenannten Zufälligkeiten, Sinnlosigkeiten und Unwägbarkeiten der »richtigen Wirklichkeit« doch ein tieferer Sinn und Zusammenhang stecken könnte. Die Zahl der Manager, die sich vor großen Entscheidungen von sogenannten Hellsehern beraten lassen, soll jedenfalls erheblich sein.

Seit Erscheinen des Werkes *Die Traumdeutung* von Sigmund Freud im Jahr 1900 haben die Träume einen Platz in der wissenschaftlichen Forschung gefunden. Dadurch hat sich der

Schwerpunkt der Traumdeutung von der mantischen Seite früherer Zeiten auf die der Erkenntnisprozesse innerhalb der individuellen Psyche eines Menschen verschoben. Doch gerade die moderne Forschung liefert uns eine ausgezeichnete Möglichkeit, die aus den Träumen und der Traumzeit resultierende Weltsicht der Aborigines zu verstehen. Bevor wir uns ins »Reich der Archetypen« begeben, wollen wir erst einmal feststellen, mit welchen Arten von Träumen wir Menschen eigentlich konfrontiert sind. Und damit wir uns nicht in nebliger Beliebigkeit verlieren, wollen wir uns auf drei wesentliche Grundtypen von Träumen beschränken, in denen sich die Beziehungen von Unbewußtem und Bewußtsein zeigen:

Träume des *ersten* Typus ereignen sich als Reaktion des Unbewußten auf eine bestimmte Situation, in der sich unser bewußtes Ich befunden hat. Der Traum ergänzt diese Situation, oder er kompensiert sie. Zu diesem Typus gehören all jene Träume, die mehr oder minder deutlich die Vortagserlebnisse enthalten oder auf diese hinweisen. Ein solcher Traum erweckt ganz entschieden den Eindruck, daß er ohne ein bestimmtes Erlebnis am Vortag – oder auch etwas früher – nicht zustande gekommen wäre. Stellen Sie sich vor, Sie sind ein kaufmännischer Angestellter und möchten eine Gehaltserhöhung von Ihrem unsympathischen Chef. Sie haben schon einen Gesprächstermin mit ihm ausgemacht und sehen diesem Termin ziemlich gespannt entgegen. Am Tag vor dem Gespräch passiert Ihnen jedoch ein berufliches Mißgeschick: Sie schicken das höchst vertrauliche Angebot an einen Kunden aus Versehen an die Adresse einer Konkurrenzfirma, die sich ebenfalls um den Auftrag bemüht, den der potentielle Kunde zu vergeben hat.

Ein typischer Traum dieser ersten Kategorie könnte nun so aussehen: Sie fahren in Ihrem Auto zur Firma und stellen dabei *en passant* fest, daß Sie heute ganz besonders seriös angezogen sind. Als Sie mitten aus der Autofahrt heraus plötzlich die Tür zu Ihrem Büro öffnen, betreten Sie jedoch einen Gerichtssaal. Als Publikum fungieren Ihre Kollegen, und auf dem stark erhöhten Richterstuhl sitzt Ihr Chef. Ihm zur Seite, etwas niedriger, sitzen der Geschäftskunde und ein fröhlich grinsender Unbekannter, in dem Sie aber intuitiv den Chef der Konkurrenzfirma erkennen. Das Publikum bricht auf Ihre Erkenntnis hin in wieherndes Gelächter aus, verstummt aber sogleich wieder, denn Ihr Chef, der Richter, hält Ihnen ein Dokument vor die Nase, ganz dicht; und obwohl Sie die Schrift auf dem Papier nicht entziffern können, wissen Sie sofort, daß es die fälschlich versandte Geschäftspost ist. Nun wird über Ihre Gehaltserhöhung verhandelt.

Der Verlauf der Verhandlung und auch der »Urteilsspruch« können sich je nach individueller psychischer Struktur verschieden gestalten – das Wesentliche ist, daß eine solche »Traumgeschichte« ihren Auslöser zweifellos in dem beruflichen Mißgeschick hat. Der Fluß der psychischen Energie verläuft in erster Linie vom Bewußtsein zum Unbewußten. Diese Kategorie von Träumen ist gewissermaßen der nächtliche Alltag des Menschen, und wir bezeichnen sie entsprechend als »normale Träume«. Wobei wir aber nicht vergessen wollen: Schon allein eine solche Bezeichnung impliziert, daß es auch »unnormale« Träume geben muß.

Träume des *zweiten* Typus dagegen entstehen nicht als Reaktion auf ein bestimmtes Ereignis, das zuvor stattgefunden hat, sondern als Produkt einer eigenständigen, spontanen Aktivität des

Unbewußten. In einem solchen Traum sind die psychischen Energiepotentiale ziemlich ausgeglichen, denn das Unbewußte fügt dem Bewußtsein eigenständig eine bedeutende Komponente hinzu, die uns Aufschluß über uns selbst geben kann.

Stellen Sie sich einen korrekten Bankkassierer vor, durch dessen ehrliche Hände täglich eine Menge Geld wandert, von dem ihm nichts gehört. Er könnte etwa folgendes träumen:

Ein schwarzer Mercedes hält direkt vor der Bankfiliale, in der er arbeitet. Die beiden Männer, die außer ihm im Wagen sitzen, ziehen ihre Wollmützen mit den eingeschnittenen Augenschlitzen über den Kopf und greifen nach ihren Maschinenpistolen. Irgendwie sind diese Männer seine Freunde, aber andererseits kennt er sie nicht, und er hat auch nicht die geringste Ahnung, wie die Gesichter unter den Masken eigentlich aussehen. Der Automotor läuft immer noch, der Wagen könnte jeden Moment weiterfahren, aber er fährt nicht weiter. Die Komplizen des Kassierers warten darauf, daß er die Maske über den Kopf zieht und zur Maschinenpistole greift, aber er kann es nicht.

Auch ein solcher Traum kann eine sehr individuelle Wendung nehmen, je nach psychischem »Naturell«, und nicht selten werden solche Träume mit einem abrupten Erwachen beendet.

Der bedeutende Unterschied zum ersten Traumtypus ist, daß hier kein entsprechendes Geschehen im bewußten Leben des Bankkassierers vorausging. Aber das Unbewußte hat von sich aus auf die mentale Situation reagiert, in der sich der Mensch befindet. In dem Traumbeispiel, bei dem es sich um einen authentischen Fall handelt, hatte der Angestellte das groteske Mißverhältnis zwischen den Geldsummen, die durch seine Hände wanderten, und seinem eher bescheidenen Gehalt auf folgende Art »bewältigt«: Er stellte sich vor, daß die riesigen

Geldsummen nur wertloses, neutrales Papier seien, das keine Begierden in ihm hervorrufe. Der Traum nun zeigte ihm plastisch und deutlich seine eigene unterdrückte Schattenseite, den »Gangster« in ihm, der sich seinen Anteil am anonymen Geld der Bank holen will.

Solche Träume, so bizarr sie mitunter auch sein mögen, haben immer noch klar zu lokalisierende Wurzeln in unserem persönlichen Leben, sie entspringen einem Bereich, den wir auf welche Weise auch immer als zu uns gehörig identifizieren können – solche Träume gehören »zu uns«.

Der *dritte* Typus der Träume, die uns widerfahren, hat seine Wurzeln nicht in unserem aktiven Leben, sondern entspringt Bereichen, die unabhängig von unserem bewußten Dasein sind. Die ganze psychische Energie und Dynamik eines solchen Traums entstammt hauptsächlich oder gar ausschließlich dem Unbewußten, und eine klare Beziehung zum Leben des Träumers ist nicht mehr erkennbar. Diese Träume haben einen eigenartigen, schwer zu durchschauenden Charakter, sind aber sehr wichtig, da sie unter Umständen eine Geisteshaltung unseres rationalen, sich selbst bewußten Ichs völlig verändern oder umkehren können. Das geistige Energiegefälle verläuft hier vom Unbewußten zum Bewußtsein.

Zitieren wir zur Demonstration eines solchen Falls einen Traum, den der international renommierte Berliner Psychotherapeut Hans Dieckmann schildert. Der Traum stammt von einem 30jährigen Mann, der ihn mit folgenden Worten wiedergibt:

»Ich stand auf einer hohen Brücke. Unten tief unter mir sah ich einen großen Fisch im klaren Wasser jagen. Ein Adler stürzte sich auf den Fisch, der sich gerade verbergen wollte, und holte ihn heraus. Aus Fisch und Adler war dann plötzlich ein alter, unheimlicher Mann geworden, eine Art Urmensch. Er war tot, naßkalt und wurde aufrecht stehend von einem anderen Mann ausgehäutet. Er war lederhäutig und wie ein Seeungeheuer. Beim Häuten schnitt der andere ein Loch in den Nackenteil, und dadurch schien es dann, als ob Licht in seinen sonst farblosen und düsteren Körper käme. Dieser andere Mann erklärte mir auch, was es mit diesem Wesen auf sich hatte.«

Diese Traumsequenz des jungen Mannes wirkt, als hätte er kurz zuvor einen philosophisch angehauchten Horrorfilm gesehen oder ein entsprechendes Buch gelesen – aber beides war nicht der Fall. Auch in seinem bisherigen Leben war nichts zu entdecken, was eine solche »Traumgeschichte« hätte hervorrufen können. Der seltsame, beunruhigend wirkende Traum schien zunächst keine Beziehung zu dem bewußten Wacherleben des Träumers zu haben und war diesem völlig unverständlich. In den Monaten nach dem Traum änderte sich jedoch die Lebenseinstellung des jungen Mannes erheblich, und es fand ein tiefgehender Wandel seines Charakter statt, der ihn selbst verblüffte. Ihm war nicht bewußt gewesen, daß es an der Zeit war, sein Leben grundlegend zu ändern. Er hatte eine Botschaft aus den archaischen, ihm unbewußten Tiefenschichten seiner Seele empfangen, die so mächtig war, daß sie sein Bewußtsein änderte.

Ich möchte in diesem Zusammenhang noch eine »Traumgeschichte« hinzufügen, die mir ein Schulfreund vor etwa dreißig Jahren erzählte und die sich zur Wirklichkeit entfaltet hatte, als ich ihn nach langen Jahren wieder traf. Wim und ich waren damals zwei mehr oder minder gute Schulfreunde am Ende der Pubertät, die glaubten, sich für einen Lebensweg entscheiden zu müssen. Er erzählte mir eines Tages einen Traum, und dieser –

völlig unspektakuläre – Traum erschien mir schon damals so seltsam und eindringlich, das ich ihn heute noch fast wörtlich wiedergeben kann:

»Ich ging in Amsterdam an einer Gracht entlang, die mir zwar vertraut schien, aber ich hatte ihren Namen vergessen, doch das störte mich nicht. Ich wußte auch nicht, warum ich an dieser Gracht entlang ging, ich wußte nicht einmal, wohin ich ging, aber auch das war mir egal. Plötzlich verwandelte sich die Gracht in ein wogendes, reifes Kornfeld, dessen Halme mindestens zwei Meter hoch waren, und sie gleißten im Sonnenlicht, als seien sie aus purem Gold, und die Ähren oben an den goldenen Stengeln glitzerten wie Diamanten. Ich ging durch eine Art Hohlweg oder eine Schneise zwischen zwei hoch aufragenden, blitzenden Kornfeldern, und plötzlich – ohne zu wissen, warum – bog ich links vom Weg ab und bahnte mir einen Weg durch das Kornfeld.

Während ich mit den Armen die Ähren zur Seite drückte, bemerkte ich, daß ich die rechte Hand zur Faust geballt hatte, was mich verwunderte. Ich blieb stehen, senkte die Arme und zog die Faust so an mich heran, als hätte ich gerade versucht, als Geschicklichkeitsbeweis eine Fliege zu fangen und wollte jetzt prüfen, ob es mir gelungen sei. Als ich die Arme senkte, schoben sich die Ähren über mir zusammen und verdunkelten das helle Sonnenlicht, was mich für einen Moment beunruhigte, doch ich vergaß es gleich wieder, denn ich wollte wissen, ob ich die Fliege erwischt hatte.

Ich öffnete vorsichtig die Faust und sah statt einer Fliege drei Würfel auf meiner Handfläche. Unwillkürlich versuchte ich, die Punkte zu zählen, die sie auf den oben liegenden Flächen zeigten, doch es gelang mir nicht, die jeweilige Anzahl zu erkennen.

Ich hob die Hand näher vor meine Augen, und die Würfel begannen plötzlich im Halbdunkel zu glitzern und zu schimmern, doch ich konnte die Zahlen, die sie mir zeigten, immer noch nicht erkennen. Auf einmal verwandelten sich die Würfel in drei leuchtend weiße, winzig kleine Wesen von menschenähnlicher Gestalt, die auf meiner Handfläche herumsprangen, wild in Richtung meines Gesichtes gestikulierten und mir offensichtlich mit größter Lautstärke und irgendwie verzweifelt etwas zubrüllten – aber ich konnte nicht verstehen, was sie mir mitteilen wollten. Ich wollte den Kopf nach rechts drehen, um ein Ohr dicht an die Wesen heranzubringen, aber in dem Moment verwandelten sie sich wieder in Würfel, auf denen jedoch keine Punkte mehr waren. Danach war der Traum irgendwie zu Ende.«

Nach der Schulzeit konnte sich Wim nicht für ein bestimmtes Studium entscheiden; er gammelte eine Weile in den Cafés und Kneipen um den Leitse-Plein herum, und plötzlich war er verschwunden, ohne eine Nachricht zu hinterlassen. Die Freundesclique wunderte sich, aber im Eifer der Jugend, auf die das Leben wie ein Wasserfall einströmt, war Wim recht bald vergessen.

Nach fast dreißig Jahren traf ich ihn wieder. Am Leitse-Plein saß ein älterer Straßenmusiker und spielte auf einer exotischen Rohrflöte die Melodie eines altes holländischen Volkslieds. Vor ihm lag ein Hut, in dem sich einige kleine Münzen befanden, und auf dem Kopf hatte er ebenfalls einen Filzhut. Vielleicht waren es die zwei Hüte, die mich irritierten, vielleicht war es der seltsam fremde Klang des altvertrauten Liedes, der mich anzog – jedenfalls ging ich hin und warf einen Gulden in den Hut auf dem Boden vor ihm.

Der Flötenspieler nickte leicht mit dem Kopf, blickte kurz auf und setzte das Instrument plötzlich ab. »Danke, Robert.«
Ich glaube, ich bin noch nie in meinem Leben so zusammengezuckt. Es war Wim. Wir verbrachten den Nachmittag in einem Café, und er erzählte mir von seinem Leben. Mittendrin erwähnte er auch den Traum, den er dreißig Jahre zuvor hatte, und stellte dazu folgendes fest: Irgendwann im Lauf der Jahre hatte er begriffen, daß sein Leben im großen und ganzen genauso verlaufen war wie die Geschichte in diesem Traum: Er habe nie herausfinden können, was er wirklich wollte, und zwar in jeglicher Hinsicht. Wim war von Amsterdam nach Rotterdam gegangen, hatte dort zwei Jahre Verschiedenes studiert, aber dann das Studium abgebrochen und auf einem Frachter angeheuert, auf dem er die nächsten zehn Jahre mit Unterbrechungen in verschiedenen Ländern verbrachte. Dann führte er verschiedene Jobs an Land aus, war unter anderem Taxifahrer in Amsterdam und befaßte sich in seiner Freizeit mit Computern, studierte in Abendkursen Informatik und wurde Handlungsreisender für elektronische Artikel. Dann erbte er eine halbe Million Gulden von einem Onkel, den er kaum kannte, und seitdem war er ein Reisender, ohne zu handeln. Er hatte nie die richtige Frau gefunden, und letztlich, so Wim, sei er wohl auf der Welt, um herumzuziehen und nach etwas zu suchen, von dem er nicht wisse, was es sei. In diesem Traum sei ihm offenbart worden, daß die Welt ein großes Geheimnis habe und daß er, Wim, den Schlüssel zu diesem Geheimnis finden könne. Manchmal setze er sich in einer großen Stadt an den Straßenrand und spiele Flöte, denn er habe jede Menge Zeit und nie etwas Bestimmtes vor. Die Würfel aus dem Traum, meinte er, würden sich ihm einfach von selbst offenbaren, wenn er nur zur richtigen Zeit am

richtigen Ort sei. Dann ging er, ohne eine Adresse zu hinterlassen.

Erst fand ich den Fatalismus, mit dem sich dieser Mann seinem Traum ergeben hatte, merkwürdig, aber je länger ich darüber nachdachte, um so mehr mußte ich seiner Überzeugung zustimmen, daß seine bisherige Lebensgeschichte und auch sein jetziges Leben als planlos Suchender in diesem Traum symbolisiert waren.

Die Frage ist also, ob sich in den »archaischen« Träumen des dritten Typus ein Wissen über das Leben und die Welt verbergen kann, das nur dem Unbewußten zugänglich ist. Können Träume tatsächlich Wahrheiten beinhalten, die nur auf dieser Ebene des Geistes oder unter bestimmten anderen Zuständen wie Trance oder auch Hypnose erfahren werden können?

Im Reich der Archetypen

Die verschiedenen tiefenpsychologischen Schulen unseres Kulturkreises haben zum Teil sehr unterschiedliche Aspekte zur Traumdeutung beigesteuert. Da gibt es Widersprüche oder sogenannte Unvereinbarkeiten zwischen den Positionen. Das muß nicht unbedingt bedeuten, daß der eine recht hat und der andere sich irrt. Es können sich auch beide Aussagen komplementär zueinander verhalten und erst zusammen eine Vollständigkeit ergeben. Mit den Träumen, ihren Botschaften und ihren Deutungen ist es vielleicht so ähnlich wie mit dem Licht: Ist Licht nun Materie oder reine Energie? Lange Zeit antworteten Physiker *entweder* das eine *oder* das andere. Beides gleichzeitig schloß sich für sie aus, da ein Materieteilchen keine Welle sein kann. Trotzdem ist das Licht beides und vereinigt gewissermaßen in einem dahinterstehenden Dritten Prinzip die beiden vermeintlichen »Widersprüche«. Wenn man zu einem Aborigine von diesem für unser Denken nur schwer akzeptablen »Doppelcharakter« des Lichtes spricht, ist er nicht erstaunt, sondern wundert sich eher darüber, daß uns dieser Sachverhalt erst seit kurzem bekannt ist.

In gewissem Sinn hat auch unsere Psyche einen »Doppelcharakter«: Sie ist einerseits durchaus ein »psychischer Apparat« (Freud), in dem unser bewußtes und unser »triebhaftes« Leben »verarbeitet« werden. Andererseits steht sie womöglich in ihren tiefsten Schichten in Kontakt mit einem Bewußtsein, das keine individuelle, persönliche Ebene unseres Geistes ist, sondern eine davon unabhängige geistige Dimension der Wirklichkeit.

C. G. Jung, der Begründer der Analytischen Psychologie, bezeichnet diese Dimension als das *kollektive Unbewußte*. Es ist ein überindividuelles, psychisches – also geistiges – Feld, das älter als jedes individuelle Bewußtsein ist. Jung nennt es »das ursprünglich Gegebene«, eine geistige Dimension, aus der das individuelle Bewußtsein sich immer wieder neu emporhebt. Die vom individuellen Leben geprägte Psyche verliert in ihren tiefsten Schichten immer mehr von ihrer Individualität und wurzelt in einer Dimension überpersönlicher Geistigkeit, in der die *Archetypen*, allen Menschen gemeinsame Urmuster menschentypischen Empfindens und Denkens, gespeichert sind. Im kollektiven Unbewußten reicht die Erinnerung der Menschheit zurück bis zu ihren dunkelsten Anfängen. Diese Traumbilder und Symbole in den Tiefen unserer Seele sind kein toter Niederschlag, kein »verlassenes Trümmerfeld«, sondern in uns lebendig und beeinflussen unser individuelles Leben. Wir können also von der Existenz einer geistigen Ebene ausgehen, die unabhängig

von unseren Gehirnen ist, mit der unser individueller Geist in seinen tiefsten Schichten verbunden ist.
Auch die in allen Kulturen ähnlichen Grundvorstellungen der Mythen stammen nach Jung aus der geistigen Dimension des kollektiven Unbewußten. Der Psychologe wendet sich in diesem Zusammenhang auch gegen ein Mißverständnis über das Wesen der Religion, das seit der Epoche der Aufklärung im 18. Jahrhundert grassiert. Dieser »aufgeklärten« Sichtweise zufolge, die auch heute noch von vielen Zeitgenossen vertreten wird, sind Religionen etwas ähnliches wie philosophische Systeme, ebenso wie diese mit dem Kopf ausgeklügelt. Gott sei erfunden und die Menschheit mit dieser »wunscherfüllenden Phantasievorstellung« an der Nase herumgeführt.
Jung stellt dieser Meinung die psychologische Tatsache entgegen, daß die religiösen Symbole mit dem Kopf schlecht gedacht werden können. Sie stammen nicht aus dem Kopf, sondern aus einer psychischen Tiefenschicht, die dem Bewußtsein, das immer nur Oberfläche ist, wenig ähnelt. Diese religiösen Symbole haben einen »Offenbarungscharakter«, denn sie sind spontane Erzeugnisse der unbewußten Seelentätigkeit: »Sie sind alles, nur nicht ausgedacht; sie sind vielmehr im Lauf der Jahrtausende allmählich gewachsen, wie Pflanzen, als natürliche Offenbarungen der Seele.«
Natürlich lebt der geistige Mensch auch in einem individuellen, psychischen Spannungsfeld, das nach Freud durch die Beziehung von Es, Ich und Über-Ich gegeben ist; natürlich ist ein bestimmter Teil des geistigen Menschen auch ein »psychischer Apparat« im Freudschen Sinn – aber die Psychologie von C. G. Jung lehrt uns, daß das nicht *alles* ist. So bedeutend das Werk Freuds auch sein mag – seine Reduzierung der psychischen Di-

mension des Menschen auf eine triebgesteuerte Apparatur greift zu kurz. Bei Freud ist das Es, das Unbewußte, ein eher diffuser Triebgrund, und die Träume erhalten ihre Struktur erst durch die Einwirkungen und die Zensur von Ich und Über-Ich. Die Inhalte des Unbewußten bestehen hauptsächlich aus den früheren Verdrängungen der persönlichen Entwicklung. In seinen späten Jahren hat Freud eingeräumt, daß die Ebene des Unbewußten nicht nur eine persönliche Dimension, sondern vom Individuum unabhängige, archaische Strukturen und Inhalte aufweist, die weit über allen Verdrängungen stehen. Leider hat Freuds materialistische Sichtweise, die Psychoanalyse, das westliche Denken und Empfinden viel tiefer geprägt als die umfassendere Sicht C. G. Jungs, und die späte Einsicht Sigmund Freuds hatte keine praktischen Auswirkungen mehr.

In der Konzeption C. G. Jungs, der weit mehr praktische Erfahrung in bezug auf Träume und ihre Symbolsprache sammelte als Freud, liegt ein grundsätzlicher Unterschied zu dem Modell vom Unbewußten, wie Sigmund Freud es beschrieben hat. Denn niemand, so Jung, weiß letztlich, wie weit die »Psyche in der Natur reicht«.

C. G. Jungs Analytische Psychologie faßt das Unbewußte als etwas dem Menschen a priori Mitgegebenes auf. Bei den Inhalten des Unbewußten handelt es sich nicht nur um Dinge, die im Verlauf des persönlichen Lebens unbewußt geworden sind. Vielmehr ist das Unbewußte der ursprünglich vorhandene »Wurzelgrund« oder der »Mutterboden«, aus dem Bewußtsein überhaupt erst entsteht.

Auch das Unbewußte allein hat wiederum einen »Doppelcharakter«, eine offensichtliche und eine verborgene Seite – ganz im Sinne der aboriginalen Weltsicht, daß alle Erscheinungen der sichtbaren Welt mehr als nur eine Dimension haben und »unter der Oberfläche« mit einer tieferen Schicht der Wirklichkeit verbunden sind.

Der »Oberflächenbereich« des Unbewußten enthält zunächst alle Inhalte, die innerhalb der persönlichen Lebenssphäre aufgenommen und dann vergessen, verdrängt, unterdrückt oder nur unterschwellig wahrgenommen worden sind. Diesen Bereich bezeichnete Jung als das *persönliche* Unbewußte. Das *kollektive* Unbewußte hingegen umfaßt auch Inhalte, die zu den grundlegenden und ererbten Möglichkeiten unseres Geistes zählen – Möglichkeiten, die von manchen Menschen genutzt werden können, um den Kontakt mit dem »Reich der Archetypen« aufzunehmen, das in vielem der »Traumzeit« der Aborigines entspricht.

Die Existenz des kollektiven Unbewußten wurde und wird von rein materialistisch eingestellten Zeitgenossen der westlichen Welt immer wieder bezweifelt, weil sie nicht wahrhaben wollen, daß es eine Ebene des Geistes in der Natur gibt, die unabhängig von menschlichen Gehirnen vorhanden ist.

Ein von Jung häufig angeführtes Beispiel für die Existenz des kollektiven Unbewußten ist folgender Fall: Ein schizophrener Patient führte ihn eines Tages ans Fenster, deutete auf die Sonne und erklärte: Wenn er die Sonne mit halb geschlossenen Augen betrachte, könne er den »Sonnenpenis« sehen. Wenn er den Kopf bewege, so bewege sich auch der »Sonnenpenis«. Diese Bewegung sei der Ursprung des Windes in der Welt.

Das war eine zwar recht seltsame, andererseits aber auch sehr klare und eindeutige Äußerung: Die Bewegung des Sonnenpenis erzeugt den Wind in der Welt. Jung las einige Jahre später ein Buch, das einen griechischen Text enthielt, der als die Liturgie des Mithras-Kultes aus der römischen Antike gilt. Bei der Lektüre stieß er auf folgende Stelle: »Ähnlicherweise wird sichtbar sein auch die sogenannte Röhre, der Ursprung des diensttuenden Windes. Denn du wirst von der Sonnenscheibe wie eine herabhängende Röhre sehen …«

Tatsachen waren in diesem Zusammenhang: Der Schizophrene war ein einfacher Postangestellter, der kaum etwas las und noch nie vom Mithras-Kult gehört hatte. Das Buch, in dem Jung darüber las, war zur Zeit der Aussage seines Patienten noch nicht erschienen, was bedeutet, daß Jung die Information über den Sonnenpenis zu dieser Zeit auch noch unbekannt war. Er konnte also eine solche Äußerung des Postangestellten auch in keinerlei Form provozieren. Die Äußerung kam aus dem Unbewußten seines Patienten.

Wenn man in die Sonne blinzelt, stechen aus dem Lichtkern zweifellos Strahlen heraus, längliche Objekte, die nach Sigmund Freud eine phallische Bedeutung haben sollen. Aber eine solche Deutung ist für uns belanglos, denn das Entscheidende ist die Bemerkung über den Wind. Woher rührt diese verblüffende Übereinstimmung in den Aussagen?

Sie als reinen Zufall zu betrachten wäre so bequem wie unbefriedigend. Man könnte auch behaupten, es liege in der Natur des individuellen Bewußtseins, Vorstellungen dieser Art zu produzieren. Aber ist das sinnvoller? *Vernünftiger* wäre es, ein kollektives Unbewußtes als überindividuelles geistiges Phänomen anzunehmen, dem solche Bilder entstammen. Mit unseren Meßgeräten läßt sich nichts über die Existenz und Beschaffenheit einer solchen Dimension feststellen, doch ihre *Existenz* wäre weder widersinnig noch widernatürlich.

Unser Wissen über die Welt umfaßt zweifellos noch nicht alles, was es über sie zu wissen gibt. Und daß selbst die physikalische Welt mehr Dimensionen haben kann, als unsere Meßgeräte wahrnehmen können, wird heute nur noch von unbelehrbaren »Klotzmaterialisten« bestritten, von Menschen also, die sich nicht vorstellen können, daß es eine Dimension des Geistes gibt, die unabhängig von der Materie und somit auch von der Existenz des Menschen ist. Eine solche Dimension ist die Sphäre der Traumzeit der Aborigines, in der die geistigen Aktivitäten der Schöpferischen Ahnen die Materie formten und auch den Menschen schufen, der somit Teil von ihrem Geist ist. Das Unbewußte im Sinne Jungs ist auch für die Aborigines die Tür, die zur Traumzeit führt.

Die Sprache des Unbewußten und seine Botschaften – die Großen Träume – werden so zu einer objektiven Realität, mit der das bewußte Ich genauso rechnen und umgehen lernen muß wie mit der äußeren Realität. Sowohl in der Psychologie Jungs als auch in der Philosophie der Aborigines wird damit die geistige Dimension des Unbewußten der äußeren Welt als mindestens gleichwertig gegenübergestellt. Träume als Äußerungen des Unbewußten werden nicht nur als Reaktion auf das Außen verstanden, sondern als die Äußerungen einer autonomen inneren Welt, die allerdings ganz selbstverständlich mit der äußeren Welt in bestimmten Verbindungen steht.

Der Traum und die innere Welt des Menschen sind damit nicht mehr nur ein Anhängsel seiner bewußten Persönlichkeit oder ein Sammelbecken für Verdrängungen von Außenweltwahrnehmungen. Für C. G. Jung ist die Vorstellung, daß Träume letztlich nichts als verdrängte Wunscherfüllungen seien, ein längst überholter Standpunkt. Dabei ist sich Jung durchaus bewußt, daß es auch Träume gibt, die individuelle Wünsche oder Befürchtungen zum Inhalt haben und in Traumbildern darstellen. Aber was gibt es nicht alles sonst noch? Träume können nach Jung unerbittliche Wahrheiten und philosophische Erkenntnisse sein, sie können wilde Phantasien sein, Illusionen, Erinnerungen, Pläne, Vorahnungen, sie können sogar telepathische Visionen »und Gott weiß, was sonst noch« sein. Wir dürfen nicht vergessen, daß wir fast die Hälfte unseres Lebens in einem mehr oder weniger unbewußten Zustand verbringen. Die spezifische Bewußtseinsäußerung des Unbewußten ist das Träumen, und so wie die Seele eine Tagseite hat, das Bewußtsein, so hat sie auch eine Nachtseite, die Tiefe des Unbewußten.

Für die Aborigines ist diese Tiefe des Unbewußten ein Quell der Wahrheit und der Offenbarung, und auch der Psychologe Jung vertritt die Ansicht, daß unsere Traumseele über einen ähnlichen, vielleicht sogar noch viel größeren Reichtum an Inhalts- und Lebensmöglichkeiten verfügt als das Bewußtsein, »dessen essentielle Natur Konzentration, Einschränkung und Ausschließlichkeit ist«.

Der Traum als Offenbarung

Der in unserer Kultur vielleicht bekannteste Großtraum, in dem der Träumer eine direkte Botschaft aus der Traumzeit bekam, ist der Traum des deutschen Chemikers August Kekulé von Stradonitz (1829–1896), der zur Entdeckung der ringförmigen Benzolformel führte. Nachdem er sich lange, intensiv und vergeblich um die Lösung der Strukturformel des Benzols bemüht hatte, träumte er eines Nachts von sechs im Kreis tanzenden Lichtern, die sich wie Schlangen wandten und drehten, wobei eine der Schlangen den eigenen Schwanz erfaßte. »Wie durch einen Blitzstrahl erwachte ich«, schreibt Kekulé, »und verbrachte den Rest der Nacht, um die Konsequenzen der Hypothese auszuarbeiten.« Seinem wissenschaftlichen Bericht fügte er noch einen süffisanten Kommentar hinzu: »Lernen wir träumen, meine Herren, dann finden wir vielleicht die Wahrheit.«

Es war hier ein Mann der Wissenschaft, dem eine Traumbotschaft auf die Sprünge half, und das macht die Angelegenheit besonders gewichtig. Bei künstlerisch veranlagten Menschen kommen solche Dinge des öfteren vor, aber wer glaubt schon einem Schriftsteller? Robert Louis Stevenson jedenfalls berichtete, daß er in seinen Träumen ganze Handlungen und Szenen seiner Bücher plastisch vor sich sah. Seine Arbeit, so der Schriftsteller, werde eigentlich von den Heinzelmännchen des Unbewußten erledigt. Auch Ernest Hemingway erzählte, daß er im Traum des öfteren fertig geschriebene Passagen eines eigenen Textes las, von dessen Existenz er noch nichts ahnte.

Der Offenbarungscharakter, den bestimmte Träume haben können, ist also ganz offensichtlich kein Hirngespinst geistig zurückgebliebener Steinzeitkulturen, sondern eine Realität, die sich immer und überall ereignet hat – völlig unabhängig davon, ob eine Kultur an die Macht des Traums glaubt oder nicht.

So manchen von unseren rein rational-materialistischen Zeitgenossen mögen die Ohren klingeln, doch es ist eine Tatsache, daß auch in der heutigen, auf Jung basierenden wissenschaftlichen Psychologie eine Unterscheidung zwischen dem gewöhnlichen, einfachen Traum und dem archetypischen oder Großtraum getroffen wird, dem immer ein Offenbarungscharakter zukommt. In diesen Träumen werden tiefgehende Bedeutungen des Lebens offenbar, die dem Bewußtsein verborgen sind. Im Gegen-

satz zu den persönlichen und alltäglichen Träumen, die in der Regel schnell und leicht vergessen werden, bleiben diese großen Träume dem Menschen oft ein Leben lang im Bewußtsein und gehören, wie Jung sagt, zu den Kernstücken in der Schatzkammer seelischer Erlebnisse. Solche Großträume führen häufig zu starken seelischen Erschütterungen, die sich auch körperlich intensiv auswirken können.
In diesen Träumen finden sich Besonderheiten, die sie vor anderen Träumen auszeichnen. Darin kommen in der Regel symbolische Gebilde vor, die der kollektiven Geschichte des menschlichen Geistes entnommen sind und bis in graue Vorzeit zurückreichen. Unsere Ratio reicht nicht aus, um die Botschaften zu verstehen, doch wer wie die Aborigines lernt, diese Traumbotschaften auf andere Weise zu deuten, für den sind sie bei der inneren und äußeren Gestaltung ihres Lebens elementar und richtungsweisend.

Bei den Naturvölkern gab es von jeher die Unterscheidung zwischen dem sogenannten Kleinen und dem Großen Traum. Im Gegensatz zu unserer recht jungen Zivilisation, die mit ihrer jahrhundertelangen Überbetonung der Rationalität die Verbindung zum »Mutterboden« der Traumzeit verloren hat, besaß die Welt des Traums für die älteren Kulturen der Menschheit den Status einer wirkenden Kraft und Realität. Die ins Metaphysische verweisende Schicht des Unbewußten, die Welt des Traums und ihre Energien, ihre Bilder und Erscheinungen, hinter denen sich die andere Dimension der Wirklichkeit verbirgt – all das wurde den Erscheinungen der realen Umwelt übergeordnet. Bevor die Europäer auf die Aborigines stießen, die älteste Kultur der Menschheit, die das Erbe der Traumzeit bis heute in

Reinheit bewahrt hat, stießen sie auch in anderen Erdteilen auf Zivilisationen, in denen die Ebene des Großen Traums das Maß aller irdischen Dinge war. Die meisten dieser Kulturen wurden vernichtet, doch es gibt Berichte aus der Zeit, als sie noch existierten.

Im 17. Jahrhundert berichteten Jesuitenmissionare Erstaunliches von den Huronen, einem nordamerikanischen Indianervolk: Der Traum, so entdeckten die Patres dort, war der große Prophet, dem die Indianer folgten und den sie in allen Belangen ihres Lebens in den Vordergrund stellten. Der Traum war das Orakel, das ihnen die zukünftigen Dinge voraussagte, gleich, ob es Glück oder Unglück bedeutete. Der Traum leitete ihre Versammlungen, die Jagd, den Fischfang und den Handel, ihr soziales Zusammenleben, einfach alles: »Er ist der wahre Souverän des Landes und des Volkes. Wenn ein Häuptling auf der einen Seite befiehlt und ein Traum auf der anderen, so kann der Häuptling schreien, bis ihm der Kopf platzt, dem Traum wird zuerst gehorcht. Er ist wirklich der Hauptgott der Huronen.«

In den Aufzeichnungen aus der Zeit des Niedergangs der amerikanischen Indianerkulturen finden sich Berichte, bei denen einem die Haare zu Berge stehen können. Die Bedeutung der Offenbarungen aus der Welt des Traums war offensichtlich so groß, daß die Menschen sich den eigenartigsten Prozeduren unterzogen, um an Informationen aus diesem Bereich der Wirklichkeit zu kommen. Neben allerlei Kasteiungen und Fastenriten gab es Praktiken, die den Charakter grausamer Folterungen annahmen. Die Indianer hackten sich Finger ab, schnitten sich Streifen aus der Haut der Arme oder ließen sich Lederriemen unter den Schultermuskeln durchziehen, sich dann an diesen

Riemen an einer Art Galgen aufhängen und im Kreise herumdrehen.
Männer standen regungslos mit gebundenen Händen in der Prärie, und manchmal waren sie durch Pfähle, die um sie herum in den Boden gerammt waren, an jeglicher Bewegung gehindert. Andere unternahmen allein ausgedehnte und gefährliche weite Wanderungen durch die Wildnis, und wiederum andere saßen tagelang am äußersten Rand steil abfallender Klippen und blickten in den Abgrund. Auf alle erdenklichen Weisen jagten die Indianer hinter einer Botschaft aus einer anderen Dimension des Geistes her.
Das Ziel all dieser Unternehmungen und Manipulationen war die Erlangung einer persönlichen Vision, eines Bildes aus dem Unbewußten, von dem man erwartete, daß es dem Leben eine bestimmte Richtung geben werde. Man hoffte sogar, übernatürliche Kräfte aus einem solchen Bild schöpfen zu können. Männer, denen keine Vision zuteil wurde, fürchteten, ihr Leben lang Versager zu bleiben. Eine Vision war so bedeutsam, daß derjenige, der sie hatte, seinen Lebensweg nach ihr einrichtete.
Die beschriebenen Torturen schrecken uns ab, und wahrscheinlich verspürt niemand Lust, diese Dinge nachzuahmen. Vom Standpunkt der modernen Tiefenpsychologie aus drückt sich in diesen Ritualen jedoch nur die Bedeutung aus, welche die Indianer dem Bereich des Unbewußten beimessen. Wohl wissend, daß der Mensch nur zu einem kleinen Teil eine bewußte Persönlichkeit und seine Seele weitgehend von Impulsen und Strukturen des Unbewußten gesteuert ist, schreckten sie fast vor nichts zurück, um die wertvollen Botschaften aus diesem Bereich zu erhalten. Die aus dem Unbewußten auftauchende Vision stellt eine bedeutungsvolle Botschaft dar, sie ist gewissermaßen die

Meinung dieses größeren Teils der Psyche, und man tut gut daran, diese Meinung sinnvoll bei der Gestaltung seines Lebens zu berücksichtigen. Die Indianer scheuten offenbar kein Opfer und keine Mühe, um diese wertvolle Meinung des Unbewußten zu erfahren.

Der französische Philosoph und Ethnologe Claude Lévy-Strauss berichtet von Völkern in Neu-Guinea, auf Borneo und auch in Südamerika, bei denen die Wirklichkeit der Träume so real ist, daß die im Traum begangenen Handlungen eine Verantwortlichkeit in der alltäglichen Wirklichkeit nach sich ziehen. Das geht so weit, daß der Mensch für das verantwortlich ist, was er im Traum eines anderen getan hat, und dafür zur Rechenschaft gezogen werden kann.

Für uns ist eine solche Weltsicht kaum vorstellbar. Wenn bei uns ein Mann träumt, daß seine Frau ihn betrügt, dann gehen wir davon aus, daß es sich um eine Angst- oder auch Wunschvorstellung von ihm handelt, die vielleicht sehr wenig oder gar nichts mit den wirklichen Absichten der Frau zu tun hat. Für die Menschen bestimmter archaischer Kulturen ist es aber die wirkliche Seele des anderen, die dem Träumer erscheint. Sie ist für ihn ebenso real wie der körperliche Mensch, der etwas tut.

Das Verblüffende an solchen »Traumkulturen« ist, daß sie funktionieren und sich nicht in einem Chaos von gegenseitigen Verdächtigungen, Unterstellungen, Beleidigungen, Mord und Totschlag auflösen. In unserer Kultur würde bei der Einführung eines solchen Prinzips augenblicklich ein Tohuwabohu gegenseitiger Verdächtigungen, Prozesse und Racheakte ausbrechen und das Ende der westlichen Zivilisation einläuten.

Aber kommen wir auf den Offenbarungscharakter der Traumkulturen zurück. Für die Religiösen unter uns ist klar, daß Offenbarungen zumindest in biblischer Vorzeit stattgefunden haben. Gott soll sich Noah, Abraham und auch Moses offenbart haben, er soll sogar »Verträge« mit ihnen geschlossen und ihnen Gesetze gegeben haben, von denen die bekanntesten die Zehn Gebote sind. Abgesehen davon, daß die meisten Christen an die Realität solcher Ereignisse nicht glauben, spielen die biblischen Offenbarungen im täglichen Leben unserer westlichen Zivilisation keine Rolle. Solche Vorstellungen sind für viele irrationaler Unfug, auch wenn sie an Gott glauben. Trotz aller biblischen Offenbarungen leben wir nicht in einer Kultur der Offenbarung, sondern in einer Kultur der Berechnung und Vermessung, die sich fast ausschließlich auf die Oberfläche der Dinge konzentriert und ihre tiefer reichenden Dimensionen vergessen hat.

Für die Kultur der Aborigines, die das Vermächtnis der Traumzeit trotz Verfolgung und Unterdrückung bis auf den heutigen Tag bewahrt haben, bedeutet Offenbarung jedoch, daß der Geist des Menschen aus eigenem Können heraus auch heute noch den Kontakt zu den Schöpfungsmächten herstellen kann – ob man diese Mächte nun Gott, *Baiame*, Jesus oder *Kununkban* nennt. Ihre gesamte Kultur beruht auf diesem Offenbarungskonzept, in dem der Mensch auch heute noch Zugang zur metaphysischen Dimension der Welt erlangen kann, wenn er in der Lage ist, die Potentiale und Strukturen seines Unbewußten zu nutzen. Offenbarung bedeutet für die Aborigines das unmittelbare Erlangen von Inspiration oder Wissen aus einer Quelle, die bereits vor dieser Welt bestanden hat und die der Mensch tatsächlich anzapfen kann.

Mit den Visionen, die sie während ihrer Träume, ihrer Rituale und Zeremonien erhalten und hervorrufen, mit den Symbolen und Bildern, die sich ihnen in der Sprache des Traums offenbaren, kann eine kausal und mechanisch vorgehende Rationalität nichts anfangen, und deswegen haben wir Weißen ihrer Ansicht nach unseren Zugang zur Traumwelt verloren, deswegen werden uns keine intuitiven Erkenntnisse über das tiefere Wesen der Wirklichkeit mehr zuteil. Die Mächte der Traumzeit kann man nicht *untersuchen*, man muß sie *erleben*, und das kann ein Mensch nur, indem er lernt, sein Bewußtsein mit den tiefsten Schichten seines Unbewußten zu vereinigen. Für die Aborigines versuchen Sprache, Worte und Schrift lediglich, das Unendliche endlich zu machen oder das Unbegrenzte einzugrenzen. Die Bilder, Symbole und Verknüpfungen, die sich den Eingeweihten und Initiierten offenbaren, führen den Geist dagegen über die Grenzen des Endlichen in das Reich der unendlichen und grenzenlosen Einheit der ganzen Welt.

Die Aborigines haben ihre metaphysische Kultur, die auf Initiationen, auf immer tiefer gehenden Einweihungen in das Wissen der Traumzeit beruht, ganz und gar auf diesem Offenbarungskonzept aufgebaut. Durch ihre Sprachen, ihre Lebensweise und ihre Zeremonien bleiben sie auf »Empfang«. Sie leben konsequent eine magisch-mystische Weltsicht, in der die schöpferischen Mächte lebendig sind wie am allerersten Tag.

Der große Psychologe Jung hat uns durch seine Arbeit und auf seine Weise einen Weg zum Verständnis der Traumzeit gebahnt. Ihm ist offensichtlich der aboriginale Gedanke, daß die Seele von sich aus das Göttliche kontaktieren kann, nicht fremd. Für ihn sind die religiös geprägten archetypischen Bilder und Symbole, die aus den Tiefen des kollektiven Unbewußten aufsteigen, »Offenbarungen der Seele«. Und nach seinen Erfahrungen »ist eines sicher: daß die Seele kein *Nur* sein kann, sondern die Dignität eines Wesens hat, dem es gegeben ist, einer Beziehung zur Gottheit bewußt zu sein. Wenn es auch nur die Beziehung eines Tropfens zum Meere ist.«

Seiner Ansicht nach ist es ein großer Unsinn – und außerdem eine Blasphemie – zu behaupten, daß Gott sich überall offenbaren könne, nur nicht in der menschlichen Seele: »Es ist darum psychologisch gänzlich undenkbar, daß Gott das ›ganz andere‹ schlechthin sein sollte; denn ein ›ganz anderes‹ ist niemals das der Seele innigst Vertraute, was Gott eben auch ist.«

ZWEITER TEIL

V TRAUMZEITGESCHICHTEN

Am Anbeginn lag Dunkelheit und Stille über der Erde, ihre Oberfläche war öde und leer, und nichts bewegte sich auf ihr. In einer Höhle, die tief unter einer weiten, baumlosen Ebene verborgen in der Erde lag, schlummerte eine schöne Frau. Es war die Sonne, die dort schlief. Die Hand des großen Allvaters berührte sie tief im Traum, und sie erwachte. Sie solle sich aufmachen und ihre Höhle verlassen, sprach der Allvater, sie solle aufstehen und die Erde zum Leben erwecken. Mutter Sonne öffnete ihre feurigen Augen, und ihre Strahlen fielen auf das ganze Land, und alle Dunkelheit verschwand. Dann holte sie tief Atem, so daß die Luft sich überall veränderte und alles in dem sanften Wind erzitterte, den sie dann ausatmete.

Dann begab sich Mutter Sonne auf eine lange Reise. Sie durchquerte das öde Land in allen Himmelsrichtungen, und überall, wo ihre Strahlen die Erde berührten, begannen die Pflanzen zu wachsen, bis schließlich das ganze Land mit Gräsern, Büschen und Bäumen versehen war. Ihre Strahlen drangen auch in die verborgenen Höhlen unter der Erdkruste, in denen die Tiere jeglicher Art schlummerten. Zuerst erweckte sie die vielen Arten von Insekten zum Leben und hieß sie, in den Gräsern, Büschen und Bäumen zu leben. Danach weckte sie die Reptilien, all die Echsen, Schlangen, Lurche und Molche, und befahl sie ans Tageslicht. Sie krochen aus ihren Höhlen hervor und bewegten sich über die Erde. In den gewaltigen gewundenen Spuren, die die Schlangen hinterließen, entstanden mächtige Ströme, in denen die Vielzahl der Fische und sonstigen Wassertiere lebte.

Danach rief die Sonne auch alle übrigen Tiere ins Leben. Und sie erwachten und verließen ihre Höhlen, um auf der Erde zu leben. Als nächstes schuf Mutter Sonne die Jahreszeiten und verkündete allen Wesen, daß sich die Tage von Zeit zu Zeit ändern würden: Die Tage würden manchmal feucht und manchmal trocken, manchmal heiß und manchmal kalt werden.

So wanderte die Sonne in verschiedenen Richtungen über den Himmel, bis sie einmal so weit nach Westen geriet, daß sie unterging. Alle Lebewesen schauten zu, wie sie versank, während der Himmel rot erglühte. Nun breitete sich wieder die Dunkelheit über das ganze Land, und die Wesen fürchteten sich und drängten sich angstvoll aneinander. Nach langer Zeit jedoch begann der Himmel im Osten zu leuchten, und ganz langsam stieg die Sonne wieder über den Horizont. Seitdem unternimmt Mutter Sonne diese Wanderung jeden Tag und gibt ihren Kindern auf diese Weise eine Zeit, in der sie ausruhen können.

Nicht alle Geschichten aus der Traumzeit sind derart gewaltig und schildern so archaische Geschehnisse wie dieser Schöpfungsmythos, den das Volk der Karraru erzählt. Der geradezu unerschöpfliche Fundus an Traumzeitgeschichten enthält auch sehr viel Praktisches in mythologischer Form, denn er birgt *alles* Wissen der Aborigines. Neben vielen großartigen Erzählungen, Liedern, Tänzen und anderweitigen Zeremonien, in denen die Schöpfungstaten der Traumzeit geschildert werden, sind in ihm auch Anweisungen enthalten, wie man zum Beispiel Feuer macht oder eine bestimmte Wurzelart findet und zubereitetet. Es gibt detaillierte Anweisungen zur Ausführung von Ritualen, genau festgelegte Regeln für Initiationen, für die Heirat und andere soziale Bräuche sowie ein kompliziertes Regelwerk für Todes- und Bestattungszeremonien und die vielfältigen Rituale zur Erhaltung des Landes. Es gibt Informationen über die Nahrungssuche, über das Bauen von Unterkünften ebenso wie Ratschläge und Regeln, die den Übergang von der Jugend zum Alter betreffen. Indem die Traumzeitgeschichten Belohnung und Bestrafung für menschliches Verhalten festsetzen, sind sie auch noch ein »Gesetzbuch« in unserem Sinn. Vor allem aber lehren die Traumzeitmythen die Aborigines, wie sie mit den elementaren Erfahrungen und Erlebnissen der menschlichen Existenz – Freude und Schmerz, Liebe und Haß, Kummer und Leid – umgehen sollen.

Dieser Fundus an mythischen Geschichten stellt keine Idealisierung der Traumzeit dar – die Schöpferischen Ahnen liebten und kämpften, sie waren eifersüchtig, sie jagten und töteten, sie aßen, tranken und tanzten, mühten sich ab und übertraten bisweilen das Gesetz, wie ihre Nachkommen auch; mitunter »starben« sie sogar. Viele Mythen der Aborigines schildern Konfliktsituationen, die um Betrug, Gewalt und Gier sowie deren Folgen kreisen. In diesen Geschichten wagten die Ahnen Abenteuerliches und entdeckten dabei Bräuche, Verfahren und Verhaltensweisen, die entweder Glück und Hilfe brachten oder aber sich in Schmerz, Zerstörung und Krankheit niederschlagen konnten.

Die in den Geschichten enthaltenen Lebenslehren wurden im sogenannten Traumzeitgesetz zusammengefaßt, und sie spiegeln sich in der ausgesprochen klaren und schlichten Lebensweise der Aborigines wider, in welcher der Akzent im Miteinanderleben auf der persönlichen und kollektiven Verantwortlichkeit für die Bewahrung der Schöpfung in all ihren Aspekten liegt. Die Einzelheiten der Erzählungen und die in ihnen benutzten Symbole können sich bei verschiedenen Völkern zwar voneinander unterscheiden, doch die Geschichten der Traumzeit sind allen Aborigines quer durch den Kontinent geläufig. Sie sind das älteste und umfänglichste mythologische Vermächtnis der Menschheit, und dessen Regeln umfassen auch heute noch alle Aspekte der Identität der Stammesaborigines.

Dreamings

Die Traumzeit ist von Wesenheiten bevölkert, die durch die Macht ihres Geistes die materielle Welt erschaffen und gestaltet haben. In den mythischen Geschichten zeigen sie sich in vielen verschiedenen Gestalten. Die Geistwesen manifestierten sich in Form von Landtieren, Vögeln, Flußfischen, Meerestieren und manchmal auch in Form von Menschen. Sie konkretisierten sich auch als Pflanzen und in allen denkbaren Naturerscheinungen, und mitunter nahmen sie sogar die Gestalt von Himmelskörpern an. Außerdem konnten sie ihre Gestalt nach Belieben ändern, vom Fisch zum Felsen und vom Krokodil zum Känguruh. Wenn sie es nur wollten. Im Englischen nennen die Aborigines diese Kräfte und Mächte ihre »Creative Ancestors«, ihre Schöpferischen Ahnen. Ein anderes Wort für diese Geistwesen ist *Dreamings*. Die meisten Aborigines der vielen verschiedenen Sprachgruppen gebrauchen dieses im Englischen neu gebildete Wort, wenn sie von ihren Schöpferischen Ahnen sprechen.

Die Aborigines sind der Überzeugung, daß unser wunderbarer Planet, dessen ökologisches Gesamtsystem ohne »Fremdeinwirkung« hervorragend funktioniert, nur in Übereinstimmung mit der Kraft, der Weisheit und den Absichten dieser Ahnen so perfekt geschaffen werden konnte – wobei das Wort »*Fremd*einwirkung« unser menschliches Einwirken auf die Natur meint. Das drückt auf ebenso bizarre wie klare Weise aus, daß wir uns durch unser übliches, grundlegendes Treiben – nämlich die Anbetung des Gottes Mammon – der Schöpfung ent*fremdet* haben. *Fremd* – das ist der biblische »Sündenfall«, das »Goldene Kalb«, das »Global Management« der »Global Players«. *Fremd* – das ist für die Uraustralier ein Denken und Handeln, das die Achtung vor dem Wunder der Schöpfung verloren hat.

Die Dreamings also erschufen nicht nur alles – die Menschen inbegriffen –, sondern gaben den Pflanzen, den Tieren und den Landschaften auch ihre Namen und Unterscheidungsmerkmale. Darüber hinaus begründeten sie die heiligen Lehren der Traumzeit, das Gesetz, und sie erfanden auch die Sprachen. Außerdem sind sie die Gründer der Clans, der Urzelle der Aborigines-Gesellschaften in ganz Australien. Nachdem die Ahnen der

Traumzeit ihr Werk getan hatten, verschwanden manche wieder in die Erde, andere verwandelten sich in Landschaftsformen – in Berge, Wasserlöcher, Felsen, Klippen, Schluchten und vieles mehr –, während wieder andere in den »Himmel« zurückkehrten.

Für die Aborigines sind immer noch gegenwärtig: die *Lightning Brothers*, die *Mimi*-Wesen, die *Wanbanbiries*, *Marlu*, das Große Känguruh, die *Ninja*-Eismänner und die *Pungalunga*-Männer; die *Waugeluk*-Schwestern oder die *Wandjinas*, mysteriöse, wolkenähnliche Gestalten, die den Glauben der Clans in den Kimberleys dominieren. Die *Katatjuta*-Felsen im Herzen des Northern Territory, die Olgas, sind eine der bedeutendsten heiligen Stätten, und die über fünfzig Felskuppen, die sich bis zu 600 Meter über die Ebene erheben, sind die verwandelten Körper der *Pungalunga*-Männer. Mit *Atila*, dem Mount Conner, sind die *Ninja*-Eismänner verbunden, die an diesem Ort die mythischen Zyklen beherrschen. Und natürlich ist da die Große Schlange, die vielnamige Regenbogenschlange, das bedeutendste aller Schöpferwesen, dem wir eine gesonderte Betrachtung widmen wollen.

Diese Auflistung beinhaltet keineswegs alle Dreamings der aboriginalen Mythologie, sondern nur einen kleinen Teil. Wenn man die Vielzahl der Clans mit der Fülle der Naturphänomene multipliziert, kann man die annähernde Zahl der möglichen Dreamings vielleicht bestimmen. Anstatt hier eine Liste der Ahnenwesen samt Schöpfungstaten zu erstellen – das würde wahrscheinlich mehrere Bände füllen –, möchte ich Ihre Aufmerksamkeit auf den Dingo richten, der im Herzen der Aborigines einen ganz besonderen Platz einnimmt.

Er ist dem Menschen ein enger, persönlicher Freund, ein Seelengefährte und ein Jagdgefährte, einer, mit dem man spricht und an dessen Körper man sich in kalten Nächten wärmt – auf der einen Seite. Auf der anderen Seite der Wirklichkeit symbolisiert der Dingo bei *allen* Aborigines auch das Gesetz der Traumzeit, und zwar an sehr prominenter, ehrwürdiger Stelle. Überall im Land sind heilige Dingo-Stätten zu finden, die der Bedeutung des *Dreamings* Tribut zollen. Auch heute noch bleibt ein Aborigine in der Nacht vor der Jagd wach und beobachtet seine schlafenden Hunde. Wenn ein Hund im Traum zuckt und knurrt, zeigt das dem Wachenden an: Dieser Hund träumt davon, wie er die Beute faßt, und deshalb werde ich ihn am nächsten Morgen als Jagdgefährten wählen.

Der Mythos von den *Maletji*-Hunden, der in der Kimberley-Region im Nordwesten Australiens erzählt wird, berichtet, die Wildhunde seien durch den Indischen Ozean geschwommen und hätten als erstes eine Insel vor der Küste in der King-Sound-Region erreicht. Von dort aus wateten sie an Land und reisten in südwestlicher Richtung zwischen den Napier- und den King-Leopold-Ranges. Während die Urhunde nach Wasser scharrten, formten sie die Landschaft. Als sie den heutigen Ort Fitzroy Crossing erreichten, der nahe an der nördlichen Grenze zur Großen Sandwüste liegt, kreuzte sich ihr Weg mit dem eines Windes, der von Westen her wehte und den Geruch von Wasser mit sich trug. Daraufhin wanderten sie die Napier-Ranges zurück, durchquerten an der nördlichen Seite die Windjana-Schlucht, bis sie zum Ursprung des Geruchs kamen, dem Perilama Rockhole, einem mit Wasser gefüllten Felsloch bei Barralumma. Hier entschieden sie sich zu bleiben, denn es war den Urdingos der Traumzeit ein angenehmer Ort, da er ihnen viel Wild, das zur Tränke kam, als Nahrung bot. Diese Dingos

existieren noch heute an diesem Ort, als sogenannte »Schatten« – eine Felsenmalerei, die nach dem Glauben vieler Aborigines nicht von menschlicher Hand gemacht, sondern wahrscheinlich ein Selbstporträt der Schöpferwesen ist.
Die *Maletji*-Gesetzeshunde legten auf ihren Traumzeitreisen viele Fährten zwischen verschiedenen Wasserlöchern, denen die Aborigines heute noch folgen, wenn sie ihr Land durchqueren. Ein Platz von besonderer Bedeutung, wo die Schöpfungstaten der Dingos stets aufs neue rituell gefeiert werden, befindet sich bei der Ngama-Höhle in der Tanami-Wüste, über tausend Kilometer südöstlich der Kimberleys. In der Traumzeit, so berichten die Mythen, hatten die Urhunde mitunter auch die Ehre, Begleiter der Großen Schlange sein zu dürfen und ihr bei der Verbreitung des Gesetzes zu helfen.

Wenden wir uns einem anderen Schöpferischen Ahnen zu, dessen Eigenheit uns demonstriert, wie weit sich der Bereich der Phänomene erstreckt, die für Aborigines ein *Dreaming* sein können. Solange ein Ahnenwesen, das die Menschen eines Clans geschaffen hat, ein Tier ist – ein Känguruh, ein Emu, eine Beutelratte, eine Echse oder ein Vogel –, solange hat auch ein westlicher Mensch kein Problem, sich das vorzustellen. Auch der Gedanke, daß eine Pflanze der Urahn eines Menschengeschlechts ist, läßt sich im Rahmen einer Mythologie nachvollziehen. Was aber, wenn der mythologische Urahn ein »Wilder Honig« ist? Ist das eine Person? Ein Ding? Eine Substanz?
Arnhemland im hohen Norden Australiens ist das Stammland des Clans des Wilden Honigs. Die Menschen, die diesem Clan angehören, sagen von sich selbst, daß sie von einem »Wesen des Wilden Honigs« abstammten, das in der Traumzeit durch das

Land zog. Sein Name ist *Djareware*. Wenn man die Menschen vom Clan des Wilden Honigs fragt, wie man sich das Dreaming *Djareware* konkret vorstellen soll, bekommt man seltsame Antworten. So läßt sich nicht eindeutig bestimmen, ob *Djareware* weiblich oder männlich ist. Wahrscheinlich ist er und sie beides. Die Aborigines vom Clan des Wilden Honig benutzen die männlichen Pronomina »him« oder »he«, wenn sie im Englischen über ihren mythischen Vorfahren sprechen. In ihrer eigenen Sprache bedeutet das benutzte Wort jedoch sowohl »er« als auch »sie«. Es ist also aller Vermutung nach ein doppelgeschlechtliches Wesen – aber kein Neutrum, kein »Es«.

Ein solch seltsames Wesen ist *Djareware*. In den Bildern, die die Aborigines auf Baumrinde malen, gleicht das Äußere dieses Wesens noch am ehesten einem langgezogenen Kegel. Die grundsätzliche Auskunft über *Djareware* lautet: Er war der »Erste Wilde Honig«.

Wilder Honig kam mit dem allerersten Sonnenaufgang aus dem Osten und wanderte nicht allein durch das Land, sondern hatte eine ganze Anzahl weiterer mythischer Wesen im Gefolge. Dazu zählten zum Beispiel eine Unzahl von Bienen, die auf der Suche nach Nektar waren. Ein weiteres Wesen war *Gundui*, der Eukalyptusbaum, der in diesem Schöpfungsmythos eine wichtige Rolle spielt, weil Bienen in seinem hohlen Stamm nisten können.

Auf seiner Reise verfertigte Wilder Honig in dem Land, das er formte und später seinen Nachfahren, dem Clan des Wilden Honigs, überließ, ein Bildnis von sich. Daher wissen auch seine heutigen Nachkommen noch, daß der Erste Wilde Honig wie ein länglicher Kegel aussah. Diese Gestalt malen sie heute noch bei wichtigen Ritualen auf ihre Körper, oder sie formen sie bei

Begräbnissen als eine Skulptur auf dem Boden. *Djareware* hatte manche Dinge bei sich und brachte den Menschen vom Clan des Wilden Honigs auch den abgeschnittenen, hohlen Baumstamm, den er ihnen als letzte Ruhestätte für ihre Toten zurückließ.

Wir können uns die Beschaffenheit der Schöpferischen Ahnen auf sehr verschiedene Weise vorstellen. Wer zu einer mehr naturwissenschaftlichen Betrachtungsweise und Terminologie neigt – und deswegen mit mythischen Wesenheiten nicht viel anzufangen weiß, weil er die Dinge zu wörtlich nimmt –, kann sich diese Dreamings auch als Energiefelder vorstellen, als Quellen einer psychischen, einer geistigen Lebenskraft, ohne die ein Mensch kein Mensch ist. Diese geistige Energie der Ahnen ist für die Aborigines an heiligen Stätten gegenwärtig, und die Eingeweihten unter ihnen können diese Energie nutzen. Auch wenn sich die Ahnenwesen aus ihren jeweiligen Rollen im Schöpfungsprozeß in die Unsichtbarkeit zurückgezogen haben, heißt das nicht, daß sie nicht mehr lebendig, bewußt und mächtig sind. Für die Aborigines bleibt die Macht der Ahnenwesen an der Stelle ihres Ruheortes präsent, und diese spirituelle Kraft kann über das Ritual von jenen, die diese Macht zu nutzen verstehen, angezapft werden.

Schöpfung

Während der Traumzeit lag die ganze Erde in tiefem Schlummer. Auf ihrer Oberfläche wuchs nichts, und nichts bewegte sich auf ihr, und über allem lag eine große Stille. Die Tiere, auch die Vögel, schliefen noch unter der Erdkruste. Doch eines Tages erwachte die Regenbogenschlange aus diesem großen

Schlaf. Sie drängte sich mit Macht durch die Erde nach oben, und an der Stelle, an der ihr gewaltiger Körper die Erdkruste durchstieß, schob er die Felsen zur Seite.

Dann begann die Große Schlange mit ihrer Wanderung. Sie zog in allen Richtungen über das Land, und während sie wanderte, hinterließ sie ihre Spuren auf der Erde, denn ihr Körper formte die Landschaft an vielen Orten. Wenn sie müde wurde, rollte sie sich zusammen und schlief. An solchen Orten hinterließ sie den Abdruck ihres schlafenden Körpers.

Die Große Schlange bereiste die ganze Erde. Schließlich kehrte sie an den Ort zurück, an dem sie durch die Erdkruste gestoßen war. Dort rief sie die Frösche und forderte sie auf, ans Tageslicht zu kommen.

Es dauerte geraume Zeit, bis die Frösche aus den Tiefen der Erde an die Oberfläche drangen, denn sie waren schwer, weil ihre Bäuche voller Wasser waren. Diese große Wassermenge hatte sich während ihres Schlafes in ihren Bäuchen angesammelt. Die Schlange kitzelte die Frösche an den Bäuchen, bis sie laut zu lachen anfingen. Und während die Frösche lachten, floß ihr Wasser über die ganze Erde und ergoß sich in die gewundenen Spuren, die die Große Schlange auf ihren Wanderungen hinterlassen hatte. Auf diese Weise entstanden all die Flüsse und Seen der Erde.

Bald danach begannen die Pflanzen auf der Erde zu

wachsen, das Gras färbte das Land an manchen Stellen grün, und mächtige Bäume reckten sich in den Himmel. Nun erwachten alle Tiere, kamen ans Licht und folgten der Regenbogenschlange, der Großen Mutter allen Lebens, durch das ganze Land. Alle lebten in ihren eigenen Stämmen, und alle waren glücklich auf dieser Erde: Die Vogelstämme flogen durch die Lüfte und lebten in den Bäumen, die Emustämme und die Känguruhstämme bevölkerten die weiten Ebenen, und die Stämme der Reptilien lebten unter den Felsen und Steinen.

Nun erließ die Große Schlange Gesetze, die für alle Wesen Gültigkeit hatten, alle mußten sich nach diesen Gesetzen richten. Manche Wesen gehorchten aber nicht, sondern stifteten Unruhe und stritten untereinander. Da wurde die Mutter allen Lebens zornig und rief:

»Hört! Ich werde all diejenigen belohnen, die sich an die Gesetze halten. Ich will sie zu Menschen machen. Und ich werde ihnen dieses Land geben, über das sie und all ihre Nachfahren wandern sollen. Diejenigen jedoch, die meine Gesetze brechen, werde ich bestrafen. Ich will sie in Stein verwandeln, und sie werden nie mehr über diese Erde wandern können.«

Die Frevler wurden also in Stein verwandelt, sie wurden zu Felsen, Hügeln und Bergen. So mußten sie nun für alle Zeit dastehen und über die Stämme wachen, die zu ihren Füßen durch das Land streifen .

Dann verwandelte die Große Schlange diejenigen, die sich an die Gesetze hielten, in Menschen, und sie gab jedem von ihnen sein Totemwesen, von dem der Mensch stammte. So kannten sich die Stämme und Clans durch ihr Totem: Sie waren die Nachfahren des Emus, des Känguruhs, der Schwarzkopfpython und vieler anderer Ahnenwesen aus der Traumzeit. Die Regenbogenschlange erließ auch das Gesetz, daß kein Mensch sein eigenes Totemtier jagen und essen darf, sondern nur die der anderen Totems. So hatten alle zu essen, und niemand mußte hungern.

Seit dieser Zeit leben die Stämme der Aborigines miteinander in dem Land, das ihnen von der Großen Schlange, der Mutter allen Lebens, hinterlassen wurde. Dieses Land hatte sie ihnen gegeben, und es sollte für immer ihnen gehören.

Dieser große Schöpfungsmythos ist unter anderem auch von der international bekannten Aborigine-Dichterin Oodgeroo (Kath Walker) vom Stamm der Noonuccal überliefert worden, die in ihrem Leben die Hüterin der Insel Minjerribah war. Andere Schöpfungsmythen erzählen von Ahnenwesen aus dem Meer, die an Land stiegen und alles Existierende erschufen, während wieder andere berichten, wie Himmelswesen von den Sternen herabstiegen und später in die verschiedenen Himmelsbereiche zurückkehrten.

Die Schöpfungsgeschichten der Aborigines sind vielfältig und variieren je nach Region, doch eine Grundannahme ist die Basis aller Geschichten: In der aboriginalen Sichtweise entstand die

Welt nicht einfach auf mysteriöse Weise aus dem »Nichts« oder – wissenschaftlich betrachtet – durch den Urknall, dessen Ursache genau so mysteriös und unerklärlich ist wie die göttliche Schöpfung aus dem »Nichts«. Bevor die Welt zu dem geformt wurde, was sie heute ist, existierte nach Ansicht der Aborigines eine dunkle und formlose Masse, die sich manche Stammesgruppen als eine riesige Wassermasse vorstellen. Für die meisten Aborigines aber stellt sie sich eher als eine einförmige, endlose Ebene dar, die die Oberfläche dieser »Urmasse« ist. Alles, was dann geschaffen wurde, war bereits potentiell in dieser dunklen, namenlosen Masse enthalten. Viele Ahnenwesen ruhten tief unter der Oberfläche dieser Masse und tauchten dann auf, um ihr Werk zu beginnen.

Während der nun folgenden Schöpfungsepoche der Traumzeit reisten die Ahnen über eine kahle, eintönige Fläche, ähnlich wie auch die Aborigines durch ihr riesiges Land wandern. Die Ahnen zogen kreuz und quer durch das Land, sie jagten, kämpften und liebten und schufen auf diese Weise aus einer formlosen Masse eine topographische Landschaft. Vor ihren Wanderungen legten sie sich schlafen, und während ihres Nachtschlafs träumten sie die Ereignisse und Dinge des nächsten Tages, die auf diese Weise aus ihren Träumen heraus Realität wurden. So schufen sie Emus, Ameisen, Echsen, Schlangen, Krokodile, Krähen, Papageien, Känguruhs sowie alles sonstige Getier und auch die Pflanzen. Sie schufen die Sonne, den Mond und die Sterne, und sie schufen auch die Menschen, die Stämme und Clans.

Die Schöpfungsmythen berichten, wie die Dinge entstanden sind und welches Geschehen zu ihrer Entstehung führte. Wo zum Beispiel *Marlu*, das Große Känguruh, seinen mächtigen

Schwanz auf den Boden geschlagen hat, finden wir heute eine Kalksteinausblühung. Die Tatsache, daß eine Schlangenart einen schwarzen, wie verbrannt aussehenden Kopf hat, erklärt sich daraus, daß der mythische Ahne dieser Schlangen sich bei einem Traumzeitabenteuer tüchtig verbrannt hat. Ein Ahne, der groß und aufrecht dasaß und über das Land blickte, wurde vielleicht zu einem Felsen, die gewundene Spur einer Schlange wurde ein Wasserlauf, und von Frauen der Traumzeit gesammelte und zusammengetragene Früchte sind heute ein bestimmter Steinhaufen an einem bestimmten Ort.

Alle Dinge wurden von den Ahnen gleichzeitig erschaffen, und jegliches Geschaffene konnte sich während der Traumzeit in ein anderes verwandeln: Eine Pflanze konnte zu einem Tier werden, ein Tier zu einer Landschaftsformation, eine Landschaftsform zu einem Mann oder einer Frau. Die Schöpferischen Ahnen selbst konnten *zugleich* Mensch und Tier sein. Diese Umwandlungen gingen hin und her, je nachdem, wie es die Geschichten der Traumzeit verlangten, doch *alle* in unserer physikalischen Welt existierenden Phänomene wurden aus derselben Quelle erschaffen – aus der Energie der Ahnen, aus ihren Träumen und Taten. Alles Geschaffene – von den Sonnen und Planeten über die Menschen bis zu den Insekten – ist Teil des Bewußtseins der ursprünglichen Schöpfungskraft, und jedes einzelne ist auf seine Art das Abbild einer bestimmten Energie, eines bestimmten »Traums« dieses universellen Bewußtseins.

Lassen wir uns, bevor wir der mächtigen, ehrfurchtgebietenden Großen Schlange begegnen, noch eine Geschichte aus der Traumzeit erzählen, die zum Mythenschatz der Aranda in der Great Western Desert gehört. Die folgende Erzählung ist von Professor Theodor Strehlow überliefert worden, der im zentralaustralischen Hermannsburg geboren wurde und seine Jugend bei den Aranda verbrachte.

Am Anfang lag die Erde in ewiger Finsternis, und Nacht umhüllte sie wie ein undurchdringliches Gestrüpp. Im tiefsten Grund der Wasserstelle Ilbalintja ruhte schlafend Karora, der Urahne der Bandikuts. Noch befand sich kein Wasser an diesem Ort, und der ganze Boden war trocken, war bedeckt mit roten Blumen und allerlei Gräsern. Aus dem dunkelroten Blumenbeet ragte ein großer Tnatanja-Pfahl empor, der aus dem Boden herausgewachsen war. Am Fuß des Pfahls ruhte Karoras Haupt, und von hier aus streckte sich der Pfahl zum Himmel hinauf, als wolle er das Himmelsgewölbe berühren. Tnatjana war ein Lebewesen, und es hatte eine glatte Haut wie ein Mensch.

Von allem Anfang an schon hatte Karoras Haupt zu Füßen des großen Tnatanja geruht. Doch nun wurden Gedanken wach in Karoras Kopf, er fühlte plötzlich Sehnsüchte und Wünsche, und vieles ging ihm durch den Sinn. Aus seinem Nabel und seinen Achselhöhlen quollen auf einmal Bandikuts hervor. Sie drangen an die Oberfläche der Erde, und dort begann ihr Leben. Und mit dem Beginn ihres Lebens dämmerte auch der erste Tag nach der langen Epoche der Finsternis auf der Erde.

Die Sonne selbst ging in Ilbalintja auf und überflutete alles mit ihrem strahlenden Licht, das von allen Menschen gesehen werden konnte. Erst als die

Sonne höher gestiegen war, erhob sich der Bandikut-Ahne selbst. Sein massiger Körper brach durch die Erdkruste und hinterließ das große Loch, das zur Ilbalintja-Wasserstelle wurde.

Als Karora sich erhob, war er noch benommen, und er verspürte Hunger, da ihn die Schöpfung der Bandikuts angestrengt hatte. Seine Augen waren noch geschlossen, dann zuckten seine Augenlider, und mehrmals öffnete und schloß er seine Augen. Immer noch ein wenig benommen tastete er sich einen Weg und fühlte dabei die Masse der vielen Bandikuts, die sich um ihn drängten.

Er fand einen sicheren Stand in der Masse, und dann ergriff er heißhungrig zwei junge Bandikuts, trug sie näher an die Sonne heran. Die Finger der Sonne reichten ihm Feuer und Glut, und dann briet er die Bandikuts in der glühend heißen, von der Sonne erhitzten Erde.

Als sein Hunger gestillt war, sah er sich nach einem Helfer um, doch es wurde schon Abend, und die Sonne begann, ihr Gesicht und ihren ganzen Körper allmählich hinter einem Vorhang aus Haarschnüren zu verbergen. Als die Haarschnüre sie ganz bedeckten, war sie nicht mehr zu sehen.

Karora lag mit ausgebreiteten Armen da und verfiel nun in einen tiefen Schlaf. Während er so schlief, kroch etwas aus seiner Achselhöhle hervor. Erst hatte es die Form eines Schwirrholzes, nahm allmählich menschliche Gestalt an und wuchs während der Nacht zu einem jungen Mann heran: Es war der erstgeborene Sohn. Karora wachte mitten in der Nacht auf, weil er etwas Schweres auf seinem Arm fühlte. Als er die Augen öffnete, sah er seinen erstgeborenen Sohn an seiner Seite liegen, dessen Kopf auf seinen Schultern ruhte.

Als das Morgengrauen dämmerte, erhob sich Karora und stieß einen lauten, vibrierenden Ruf aus, der seinem Sohn erst das Leben einflößte.

Der Sohn stand auf, und dann tanzte er einen Zeremonientanz um seinen Vater, der selbst mit zeremoniellen Mustern aus Blut und Daunenfedern geschmückt war. Der Sohn stolperte und schwankte hin und her, weil er erst halb wach und noch sehr benommen war. Da ließ der Vater seinen Körper heftig zittern, woraufhin der Sohn seine Hände auf ihn legte. Das war die allererste Zeremonie.

Von der Regenbogenschlange

So verschieden die vielen Mythengeschichten auch sein mögen, ein Mythos zieht sich durch alle Überlieferungen aller Clans: der Mythos der Großen Schlange. Wir wollen dieses mächtige Wesen im weiteren mit dem weiblichen Pronomen »sie« benennen, da die Schlange in unserer Sprache grammatikalisch weiblich ist. In den Traumzeitgeschichten der Aborigines tritt sie je nach Mythos als männliches oder weibliches Wesen in Erscheinung, und letztlich vereinigt sie beides in sich.

So schillernd wie ein Regenbogen scheint auf den ersten Blick auch der Charakter der Großen Schlange zu sein, wie er sich in den verschiedenen Geschichten offenbart. In ihrer männlichen Form kann die Große Schlange sogar »frauenfeindliche« Seiten zeigen, zum Beispiel, wenn sie in einem Arnhemland-Mythos die *Waugeluk*-Schwestern, die Töchter von *Kunapipi*, der Großen Mutter der Fruchtbarkeit, angreift und verschlingt. Aber auch das ist nur eine mythische Metapher für das grundlegende Prinzip der Einheit und des Verschmelzens, für das die Regenbogenschlange (auch) steht. Die männliche Natur der Großen Schlange bedarf der weiblichen Kraft *Kunapipis*, um letztlich ein Ganzes, eine Einheit zu sein. Mit dem Verschlingen der beiden Töchter wird das Bedürfnis der Großen Schlange symbolisiert, diese beiden Kräfte in sich selbst zu vereinen und zu bewahren.

Die Regenbogenschlange ist das mit Abstand bedeutendste Wesen der Traumzeit. Im Norden verehren die Aborigines das Bild der Regenbogenschlange an den Felsenwänden genauso wie die Völker im Süden; von der Pilbara-Region im Westen bis zur Carnarvon-Schlucht in Queensland sieht man ihr Bild an vielen heiligen Orten. In der Gegend um Haast Bluff in Zentralaustralien sagt man, daß *Jarapiri*, die Große Schlange, aus Winbaraku, einer heiligen Stätte westlich von Haast Bluff in den Macdonnell Ranges, hervorging und dann nordwärts zu einer Höhle bei Jukuita in der Tanami-Wüste reiste. In der Mutitjilda-Schlucht am Fuße des Uluru (Ayers Rock) schläft *Wanambi*, wie die Große Schlange hier genannt wird; und unter anderem Namen wiederum schläft sie im Norden Australiens unter den Jim-Jim-Wasserfällen.

Kein Aborigine wird jemals die ewige Existenz und Macht der Großen Schlange leugnen, auch dann nicht, wenn er in einem Auto durch Sydney fährt oder in einem Amt um Sozialhilfe nachsucht. Er leugnet die Existenz der Großen Schlange selbst dann nicht, wenn er christliche Sitten und Moralvorstellungen übernommen hat. Denn *Jarapiri* steht über allen anderen, ein höchstes geistiges Wesen, das nur vom All-Schöpfer übertroffen wird.

Zwischen Gott und der Welt

Der Regenbogen gilt bei den Aborigines – wie in vielen Mythen dieser Erde – als Verbindung zwischen der unsichtbaren geistigen Welt und der Welt der materiellen Erscheinungen. Dementsprechend gilt die Regenbogenschlange als eine Art »Vermittler« zwischen unmanifestiertem Prinzip – dem göttlichen Geist – und der Wirklichkeit der stofflichen Welt. Analog dazu symbolisiert der Regenbogen auf psychologischer Ebene den Übergangsbereich vom Bewußtsein zum Unbewußten, den Rand des Unbewußten, dessen Inhalte im Traum unsichtbar werden können.

Die Regenbogenschlange ist für die Aborigines also in erster Linie das Prinzip der Manifestation: Durch ihren Kontakt mit der Ersten Ursache der Welt entsteht letztlich die physikalische Wirklichkeit – die mehr oder weniger sichtbare Seite der Welt. Erstaunlich an den Traumzeitgeschichten ist, daß die Erste Ursache – die *wir* Gott nennen – seltsam unbestimmt, unklar, schemenhaft und irgendwie beiläufig erklärt wird. Bei den Aborigines hat diese Erste Ursache verschiedene Namen, sie heißt *Baiame*, *Ungud*, *Ekarlarwan*, *Mangela* oder auch *Pundjel*.

Die Indjabinda-Aborigines in der Pilbara-Region erzählen, daß *Mangela* der »Erste Mann« gewesen sei, der auf die Erde kam. Aber es war wohl nur eine Art Inspektionsbesuch, wie wenn ein Bauherr eine seiner vielen Baustellen besucht, um nach dem Rechten zu sehen. *Mangela*, so erzählen die Indjabinda, erschien nur ganz kurz, und man hat an dem Ort, an dem er »landete«, einen Erdhügel errichtet, der den Indjabinda heilig ist und den sie Kumana Kira nennen. *Mangela* ist für sie zwar der schöpferische Urgrund der Weltengeburt, doch nicht jener, der die Schöpfung auch praktisch ausführte. In der Kosmologie der Aborigines steht die Regenbogenschlange also auch für die Verschmelzung von zwei elementaren Prinzipien, sie verbindet Geist und Materie. Bei den Kogai, einer Volksgruppe im Südosten Australiens, heißt der Regenbogen deshalb auch *Nabal ane tumbila*, das »Feuer Gottes«.

Dieses Symbol der Schlange als *wirkende Kraft* zwischen dem Göttlichen, dem metaphysischen Urgrund der Welt, und der physikalischen Welt der Erscheinungen ist zweifellos ein gewaltiger Archetypus im Sinne C. G. Jungs. Denn die Große Schlange, die ihre welterzeugende Rolle schon in den Mythen der Aborigines, den ältesten Erinnerungen der Menschheit, spielt, taucht auch in späteren Hochkulturen immer wieder auf, *ohne* daß diese Kulturen von der Existenz der Australier wußten. In den zahlreichen Schöpfungsgeschichten des alten Ägypten erscheint sie als die Urschlange *Uraus*, deren Bedeutung sich schon darin ausdrückt, daß sie sich als Gestalt auf einer der geheiligten Kronen des Pharao befindet. Der Körper besteht aus gehämmertem Gold, zieht sich vom Hinterkopf genau über die Furche, die innerhalb des Schädels die beiden Hirnhälften teilt, und der Kopf von *Uraus* bildet mitten auf der Stirn des Pharao ein drittes Auge.

Auch in der Geisteswelt der griechisch-römischen Antike findet sich die Große Schlange wieder, und zwar in derselben Funktion, die sie auch in den ältesten Menschheitserinnerungen hat. Bei den Neuplatonikern finden wir, wie bereits erwähnt, den Gedanken einer göttlichen Dreiheit: das *Ur-Eine*, die *Kraft* und das *Seiende*. Das Seiende, zu dem natürlich auch unser Kosmos samt Lebewesen gehört, geht durch die *Kraft* aus dem Ur-Einen hervor. Diese wirkende Kraft, die »Weltseele«, bildet die Brücke zwischen der physikalischen Welt und der Welt des göttlichen Geistes und wird oft als Schlange symbolisiert.

In den Vorstellungen der Gnostiker ist es ebenfalls »die Schlange«, die sich zwischen dem »All-Vater« und der Materie bewegt. Ganz wesentlich bei diesen abendländischen Geschichten von der Großen Schlange ist, daß diese – genau wie bei den Aborigines – *nicht* der Urgrund alles Existierenden ist, sondern daß hinter dem mächtigen Schöpferwesen noch etwas Größeres steht: eine ursprüngliche Einheit, ein ewiges Prinzip oder auch ewiges Wesen, das die Gnostiker das *Erste Äon* (gr. *aion*, Ewigkeit) nennen.

Selbstverständlich findet sich der gewaltige Archetypus der Großen Schlange auch in der Bibel, der christlichen Mythensammlung, doch hier ist er in Ungnade gefallen, was wiederum auf die Lehren der Gnostiker zurückzuführen ist, die folgendes verkünden: Nicht der personale Schöpfergott – der Gott der Juden, Christen und Muslime – ist das Urwesen, der Urgrund der Welt, sondern er selbst ist auch nur ein *Gezeugter*, das *Geschöpf* einer über ihm existierenden höheren Macht, des *Ersten Äons*. Die Grundbestandteile der Welt entstammen dieser Ureinheit, dann erst wird aus dem Ersten Äon der *Demiurg* erzeugt, der Schöpfergott, der den physikalischen Kosmos »baut« – etwa so, wie die Regenbogenschlange in den australischen Mythen die materielle Welt gestaltet. Der Einzige und Allmächtige der westlichen Religionen erhält bei den Gnostikern quasi den Status eines göttlichen *Handwerkers*, der aus den Grundbestandteilen, die ihm das Ur-Eine zur Verfügung gestellt hat, das Universum mit all seinen Lebewesen hergestellt hat.

Es liegt auf der Hand, das diese gnostische Sichtweise sich nicht mit der christlichen Lehre vom personenhaften Schöpfergott, dem Einzigen und Allmächtigen als Urgrund allen Seins, vertrug und als Blasphemie scharf bekämpft wurde. Dementsprechend wurde der Archetypus der Großen Schlange von den Kirchenvätern auch interpretiert beziehungsweise frisiert: Da sich die Große Schlange als Schöpferwesen nicht mit dem Einzigen, der alles allein geschaffen hat, vereinbaren ließ, wurde sie zum Inbegriff des Bösen umfunktioniert. Schon im Paradies näherte sich der leibhaftige Teufel der mythischen Eva in Schlangengestalt, um die Unbedarfte zur Ursünde zu verführen.

Die große Wanderung

Der Prozeß der Welterschaffung schließt – soweit es die Regenbogenschlange betrifft – eine unentwegte Wanderung mit ein. Für Aborigine-Völker in der nördlichen und nordwestlichen Küstenzone und auch für solche, die noch in einiger Distanz von der Küste entfernt leben, kam die Große Schlange immer vom Ozean her. Zur Zeit des Traums erschien sie unter den Namen *Galaru*, *Bolan*, *Kunukban* oder *Unjuat* an den Ufern des Meeres.

Der *Kunukban*-Mythos gibt uns einen einzigartigen Bericht über eine der Wanderrouten der Großen Schlange zur Zeit des Traums. *Kunukban* kam von Puruyu-nungu-kunian, einer weit draußen in der Timor-See liegenden Insel, und erreichte die Küste bei Kunununju (heute Wyndam). Seine Absicht – die Große Schlange ist in dieser Geschichte männlich – war es, *Ekarlarwan*, die unsichtbare Erste Ursache, zu »fangen« und ihre Geheimnisse zum Wohl der Menschheit aufzudecken. Diese Geheimnisse umfaßten das Gesetz, die Rituale und Zeremonien. Sie enthielten die gesamte Kultur der Aborigines, das gesamte Wissen, nach dem sie ihr Leben auch heute noch einrichten.

Ekarlarwan war jedoch nicht aufzufinden. *Kunukban* konnte lediglich dessen Hund *Djaringin* entdecken, auf den er eine Jagd veranstaltete, weil er von ihm Informationen über *Ekarlarwans* Aufenthaltsort erhalten wollte. Der mythische Hund Gottes agierte jedoch als Köder, um die Große Schlange von *Ekarlarwan* wegzulocken. Um *Kunukban* zu täuschen, floh der Hund auf ineinander verschlungenen Wegen durch das ganze Land und veranlaßte die Schlange damit, während der Verfolgung das Land zu gestalten: Der mächtige Leib *Kunukbans* formte Flußläufe und Schluchten, und überall im ganzen Territorium finden sich Landschaftsformationen, die von *Kunukban* durch verschiedene Handlungen geschaffen wurden, die wiederum in einer Vielzahl von Mythen und Geschichten festgehalten und erzählt werden.

Schließlich erreichte die Regenbogenschlange einen Ort tief im Landesinneren, der heute Wamburing Knob genannt wird, und dort gelang es ihr, *Ekarlarwan* zu stellen und das Wissen um die Geheimnisse zu erringen. An diesem Ort schlug *Kunukban* ein großes Lager auf und feierte seinen Erfolg in einer Zeremonie. Diese Geheimnisse, die *Kunukban* den Menschen dann als das Traumzeitgesetz vermittelte, sind das Geschenk der Großen Schlange an die Menschen, und sie enthalten Informationen von großer philosophischer und esoterischer Bedeutung. Von noch größerer Bedeutung aber ist, daß die Menschen durch dieses Geschenk nicht nur Zugang zum »Großen Wissen« erhielten, sondern daß die Regenbogenschlange gewissermaßen eine direkte »Sprechverbindung« mit der Ersten Ursache herstellte.

Dieser Kontakt wird in den Zeremonien durch das tiefe Summen symbolisiert, das die Schwirrhölzer erzeugen, wenn sie kreisartig herumgewirbelt werden. Vor dieser grandiosen Vermittlungsaktion der Großen Schlange hatte diese Möglichkeit für den Menschen nicht existiert. Nach der mythischen Begegnung mit Gott setzte *Kunukban* seinen Weg fort, reiste kreuz und quer durch das Land, verbreitete das Gesetz und formte die Landschaft.

Ekarlarwan war nicht besonders erfreut darüber, daß seine göttlichen Geheimnisse durch die Schlange den Menschen zugänglich geworden waren. Deshalb sandte er die Bachstelze *Jolpol* aus, um die Geheimnisse von *Kunukban* zurückzuerobern. Die Bachstelze holte *Kunukban* an einem Ort ein, der Parndukarni heißt, und heuchelte erotisches Interesse an der Großen Schlange. Sie verwirrte *Kunukban* durch zuckersüßes, betörendes Gerede, so daß die Schlange bald alle Vorsicht vergaß und den Verführungskünsten der gefiederten Traumzeitsirene erlag. Sie gewährte *Jolpol* die Gunst, ihren Kopf dem Lagerfeuer nähern zu dürfen, aber nachdem der hinterhältige Vogel scheinheilig herangekommen war, stürzte er sich auf *Kunukban* und versuchte ihn zu töten.

Doch *Jolpol* hatte nicht mit dem Sturmvogel gerechnet, dem schwarzen Kuckuck *Kurukura*, einem Beschützer der Großen Schlange, den die Bachstelze nicht kannte. *Kurukura* griff *Jolpol* heftig an und vertrieb ihn schließlich. Bei dem Kampf im Lager *Kunukbans* erlitten alle Beteiligten Blessuren, keiner kam ungeschoren davon. Der Sturmvogel erlitt am ganzen Körper Verbrennungen, *Jolpol* trug ebenfalls einige Brandverletzungen davon, und *Kunukban* hatte schließlich Verbrennungen am Kopf zu beklagen. Deshalb ist *Kurukura*, der Kuckuck, heute schwarz, die Bachstelze ist schwarz und weiß, und die harmlose schwarzköpfige Python hat – wie ihr Name sagt – einen schwarzen Kopf. Sie alle sind Opfer eines heldenhaften Kampfes um das Erringen spiritueller Informationen, die, wie es im Mythos heißt, ursprünglich nur *Ekarlarwan*, dem Urgrund der Welt, allein gehörten.

Nachdem die Attacke *Jolpols* erfolgreich abgewehrt war, reiste *Kunukban* gemeinsam mit seinem treuen Sturmvogel *Kurukura* weiter und verkündete den Menschen im ganzen Land das Gesetz. Und während sie weiter landeinwärts wanderten, erschufen sie viele markante Landschaftsformationen auf ihrem Weg. Schließlich trennten sie sich wieder, und jeder setzte seine Reise in eine andere Richtung fort. *Kurukura* flog in Richtung Tennant Creek, wo der Kuckuck sich ein festes Lager an der Djungurra-gurro-Quelle einrichtete. Die Regenbogenschlange wanderte weiter zur Beetaloo-Lagune am Newcastle Creek, wo sie in die Erde eintauchte und nicht mehr zum Vorschein kam. Manche Geschichten erzählen, sie habe ihre Reise unterirdisch fortgesetzt und sei weiter östlich im Meer, am Golf von Carpentaria, wieder ans Tageslicht gekommen.

Diese Reise der Großen Schlange *Kunukban* ist typisch für die Mythen, die im Norden Australiens erzählt werden. Die Details können variieren, Flußläufe und sonstige Landschaftsformationen werden ebenso wie die Einzelheiten der dramatischen Geschichten den lokalen Bedingungen angepaßt sein. Doch die Substanz der Botschaft ist überall gleich: Da gibt es den unsichtbaren Urgrund der Welt, das Göttliche, das Schöpferische Prinzip – *Ekarlarwan* in dieser Geschichte –, in dem das größte nur denkbare Geheimnis überhaupt bewahrt ist. Dann gibt es die Schlange, deren Aufgabe es ist, den Schleier des Geheimnisses zu lüften, hinter dem *Ekarlawan* das »Große Wissen« lieber für sich bewahrt – zumindest *so weit* zu lüften, daß die Menschen erkennen, daß *tatsächlich* ein Geheimnis vorhanden und die Welt *nicht zufällig* aus »nichts« entstanden ist.

Diese Urspannung, die im Mythos zwischen *Kunukban* und *Ekarlarwan* herrscht, ist für die Aborigines eine Notwendigkeit, denn sie ist die Voraussetzung für die Urkreativität des Schöpfungsvorgangs, der durch sie ausgelöst wird: eine positive Spannung, die sicherstellt, daß die Dynamik der lebendigen Welt auf immer in Gang bleibt. Seitdem *Ekarlarwan* zu »entkommen« versucht, bewegt sich *Kunukban* vorwärts, wobei er nach und nach Landschaften – oder auch: den physikalischen Kosmos – formt.

Nachdem wir der Regenbogenschlange nun die gebührende Aufmerksamkeit und Ehrerbietung entgegengebracht haben, wollen wir uns noch einige Geschichten aus der Traumzeit erzählen lassen, bevor wir unsere Reise durch die Welt der Aborigines fortsetzen. Außer der vielnamigen Großen Schlange gibt es natürlich noch andere Ahnen, die für bedeutende Aspekte der Welt und der menschlichen Existenz verantwortlich sind.

Kleine Mythen aus der Traumzeit

Warum die Sonne scheint

Das ist eine der Geschichten aus der Traumzeit, die K. Langloh Parker in seinem Buch *Australian Legendary Tales* zusammengetragen hat. Es ist eine »Kindergeschichte«, in der die Aborigines ihren Sprößlingen erklären, was es mit der Sonne am Himmel auf sich habe:

Vor langer, langer Zeit gab es noch keine Sonne, und nur der Mond und die Sterne waren am Himmel zu sehen. Damals gab es auch noch keine Menschen, aber es lebten schon verschiedene Tiere auf der Erde, und alle waren viel größer als ihre heutigen Nachfahren.

Der Emu Dinewan und seine Gefährtin Brolga wanderten über eine weite Ebene in der Nähe von Murrumbidgee, und während sie wanderten, hatten sie einen heftigen Streit miteinander. Brolga geriet in eine so ungeheure Wut, daß sie zu Dinewans Nest rannte, eines der riesigen Eier herausnahm und es mit aller Macht gegen den Himmel schleuderte. Dort oben zerschellte das Ei auf einem Holzhaufen, der sich sofort entzündete, als das Eigelb herausspritzte. Das Feuer leuchtete über die ganze Erde, und alle Geschöpfe blickten staunend auf das Feuer. Sie waren so sehr an das Halbdunkel gewöhnt, daß die strahlende Helle sie nun blendete.

Im Himmel lebte ein guter Geist, der sah, wie hell und schön die Welt war, wenn das Feuer sie erleuchtete. Er dachte, daß es gut sei, jeden Tag ein solches Feuer zu entfachen; und von dieser Zeit an hat er dies auch getan. In jeder Nacht suchte er mit seinen Hilfsgeistern Holz und schichtete es auf. Wenn der Haufen groß genug war, schickte er den Morgenstern aus, damit er den Geschöpfen der Erde ankündige, daß das Feuer bald angezündet werde.

Andere Geister fanden, daß diese Ankündigung

nicht ausreichend sei, denn die Schlafenden konnten sie ja nicht sehen. Sie beschlossen also, daß jemand bei Beginn der Dämmerung Lärm machen solle, um die Sonne anzukündigen und die Schläfer aufzuwecken. Sie konnten lange nicht entscheiden, wer diese Aufgabe übernehmen sollte, doch eines Abends hörten sie das Gelächter von Guu-gurr-gaga, (dem Vogel Kookaburra). Sie wußten sofort: Das ist genau das Geräusch, das wir brauchen.

Sie erklärten dem Guu-gurr-gaga, daß er von nun an jeden Morgen, wenn der Morgenstern zu verblassen beginne, so laut wie möglich lachen müsse, um die Schläfer durch sein Gelächter vor Sonnenaufgang zu wecken. Wenn er nicht damit einverstanden sei, diese Aufgabe zu übernehmen, würden sie kein Sonnenfeuer mehr entzünden, und die Erde würde auf ewig in einem Dämmerlicht bleiben.

Der Guu-gurr-gaga war einverstanden, jeden Morgen so laut zu lachen, wie er konnte, und so rettete er das Licht für die Welt. Seitdem schwirrt in jeder Morgendämmerung sein Lachen durch die Luft.

Wenn die Geister dann das Feuer anzünden, strahlt es anfangs noch wenig Hitze ab; doch zur Mitte des Tages, wenn der Holzstoß hell lodert, ist die Hitze sengend. Dann beginnt das Feuer langsam zu erlöschen, und bei Sonnenuntergang ist nur noch die Glut vorhanden, die bald erlischt. Einige wenige Glutstücke haben die Geister jedoch behalten und hinter Wolken verborgen, denn mit diesen entzünden sie am nächsten Morgen den neuen Holzstoß. Die Kinder dürfen das Gelächter des Guu-gurr-gaga nicht imitieren, denn er könnte sich über diese Nachäfferei ärgern und seine Tätigkeit einstellen. Und wenn Kinder trotzdem so lachen wie der Guu-gurr-gaga, dann wächst ihnen über dem Eckzahn ein zusätzlicher Zahn, damit sie als Strafe für ihren Spott ein Zeichen tragen.

Die Aborigines wissen, daß, wenn jemals die Zeit kommen sollte, in welcher der Guu-gurr-gaga nicht mehr lacht, um die Sonne anzukündigen, auch die Zeit gekommen sein wird, in der keine Morgendämmerung mehr über das Land hereinbricht und die Dunkelheit wieder die Herrschaft übernimmt.

Wen der Blitz erschlägt ...

Im November, wenn der Monsun beginnt, erhebt sich Namarrkon in die Lüfte, fliegt hoch in den Himmel hinauf und läßt sich auf den Sturmwolken nieder, die von der Großen Schlange geschaffen wurden. Dort sitzt er dann, und von dort oben läßt er den grollenden Donner ertönen und die Blitze über den Himmel fahren. Aber der Regen fällt nicht; er setzt erst ein, wenn die Regenbogenschlange ihn freigibt.

Von seinem Sitz in den Wolken kann Namarrkon das irdische Treiben der Aborigines überwachen. Er überprüft, ob sie die Gesetze achten, die heiligen Rituale zelebrieren und ihr mythisches Wissen an die Nichteingeweihten ihres Stammes weitergeben.

> Sieht er etwas, das ihm mißfällt, dann reißt Namarrkon eine Steinaxt aus seinem Knie oder seinem Ellbogengelenk und schleudert sie auf die Frevler. Manchmal trifft er sie aber nicht, und dann spaltet die Axt meist einen Baum entzwei.

Dieser Mythos, der vom Volk der *Kunwinjku* in Nordaustralien erzählt wird, erklärt die vielen Darstellungen von Blitzgeistern, die sich überall in Arnhemland in Höhlen und auf Felswänden finden. In diesem Gebiet entladen sich während der Monsunzeit gewaltige Gewitter, in denen ebenso gewaltige Blitze herniederfahren. Außenstehende dürfen nicht alle diese Darstellungen betrachten, denn manche sind sowohl heilig als auch geheim; andere sind zwar auch heilig, aber der äußeren Seite der Welt zugewandt, weswegen sie von Fremden angesehen werden dürfen.

Die heiligste Stätte von *Namarrkon*, dem Blitzahnen der Kunwinjku, befindet sich etwa sechzig Kilometer östlich des Nimbuwah-Felsens, der aus den umliegenden Ebenen in den Himmel ragt. Es ist der Ort, an dem sich *Namarrkon* während der Trockenzeit aufhält. Die verschiedenen Clans kennen zwar noch eine ganze Anzahl weiterer heiliger Stätten, die mit *Namarrkon* in Verbindung stehen, und die Blitztraumstätten sind über das ganze westliche Arnhemland und die umliegenden Inseln verstreut, doch alle Kunwinjku-Clans erkennen *Namarrkon* als den mächtigen Schöpfer des Blitzes an. Seine gewaltigen physischen Kräfte werden auf den Bildnissen durch die Linien dargestellt, die über seinen Körper und durch seinen Kopf und seine Hoden verlaufen. Diese Linien stellen den Energiefluß des Blitzes dar, der ihm seine ungeheure physische Kraft verleiht. Der Blitzahne gilt deswegen auch als ein Symbol für die sexuelle Potenz des Mannes.

Während der Trockenzeit jedoch wird aus dem Blitzahnen eine friedliche kleine Heuschrecke. Während dieser Phase seiner Existenz ist er tatsächlich nur ein Insekt, das sich von Kohlpalmen und Büschen in der Umgebung des Heiligtums ernährt. Doch schon beim ersten Monsungewitter verläßt *Ajurr*, die Heuschrecke, den Ort und fliegt *Namarrkon*, der anderen Seite ihrer Existenz, entgegen, die gewaltige Blitze auf das Land schleudert.

Die Möglichkeit, von einem Blitz erschlagen zu werden, ist zweifellos äußerst gering. Die meisten von uns werden einen solchen Naturvorgang, bei dem ein Blitz einen Menschen umbringt, als einen unglücklichen Zufall betrachten, doch im Kosmos der Aborigines gibt es keine Zufälle. In ihrem Denken hat alles eine Ursache, und nichts geschieht zufällig. Die Aborigines benutzen eine metaphysische Logik, nach der die Ursachen für ein solch seltenes Zusammentreffen von Mensch und Blitz nicht in der physikalischen Welt, sondern auf einer anderen Ebene der Wirklichkeit zu suchen sind. Alles hat eine Ursache, und der Blitz trifft noch lange nicht einen beliebigen Menschen, zumindest nicht, wenn es sich bei dem Getroffenen um einen Aborigine handelt, denn:

> Diejenigen, die der Blitz trifft, werden von Namarrkon nicht beliebig ausgewählt. Er trifft nur solche, die gegen die heiligen Gesetze der Traumzeit verstoßen haben, nach denen alle Aborigines leben sollen. Sie werden bestraft. Namarrkon beobachtet ihren Frevel von seiner wolkigen Warte am Himmel

oben. Er sieht sie alle, und wenn er einen Sünder entdeckt, reißt er eine Steinaxt aus seinem Knie und läßt sie in einem sengenden Blitz hinunterfahren. Wenn er sieht, daß sich eine ganze Gruppe von Menschen an solchem Frevel beteiligt, läßt er manchmal auch mehrere Äxte auf die Schandtäter niedergehen.

Der große Raub

Eine der bedeutenden Traumzeitgeschichten, die in manchen Variationen erzählt wird, handelt vom Kampf der Geschlechter, der sich heute in unserer Gesellschaft in den Ehekriegen und einer entsprechenden Scheidungsrate ausdrückt. Dieser Mythos ist in erster Linie eine Lehrgeschichte für Frauen, in der sie auf archaische Weise über eine (womöglich) grundlegende Seite der männlichen Natur aufgeklärt werden. Und natürlich ist es auch eine Lehrgeschichte für Männer, die sich mit dem, was ihre mythischen Ahnherren getan haben, auseinandersetzen müssen.

Die *Yilpinji*-Rituale gehören zu dem großen Bereich dessen, was wir sehr vergröbernd mit »Liebesmagie« in unsere Sprachen übersetzt haben. Die *Yilpinji*-Rituale haben zweifellos starke erotische Komponenten, doch sie sind viel umfassender, als frühe Ethnologen angenommen haben, denn sie spiegeln das gesamte komplexe Spektrum der Beziehungen zwischen den Geschlechtern wider. Ihr tieferer Sinn liegt darin, auf eine grundlegende Verschiedenheit im männlichen und weiblichen Empfinden und Verhalten hinzuweisen, die für die Frau Gefahren in sich birgt.

Allerdings sind diese Zeremonien nicht nur im Besitz der Frauen. Es gibt auch männliche Varianten, und grundsätzlich erfreuen sich diese Rituale nicht nur bei Frauen, sondern auch bei Männern großer Beliebtheit – obwohl letztere in diesen Traumzeitgeschichten nicht gerade gut wegkommen.

In den *Yilpinji*-Ritualen der *Kaytej*-Frauen, die auf dem *Ngapa*-Mythos (Regentraum) und den *Kurinpi*-Mythen (Alte-Frau-Mythen) basieren, wird eine unangenehme Geschichte von den farbenprächtig changierenden Regenbogenmännern erzählt. Diese Männer können Frauen mit ihrer Farbe überwältigen, sie können sie sogar verletzen und von ihrem Land wegholen. In einer Folge des *Ngapa*-Mythos werden den mythischen Ahnenfrauen ihre sakralen Ritualgegenstände von den Männern gestohlen. Das ist kein Allerweltsdiebstahl, sondern ein Vorfall von archaischer Bedeutung, denn der Besitz der Ritualgegenstände beinhaltet den Rechtsanspruch auf das Land, das zu ihnen gehört.

Die Ahnenfrauen der *Kaytej*-Frauen trugen bei ihren Wanderungen durch ihr Land wie die meisten Traumzeitfrauen ihre sakralen Ritualgegenstände bei sich. Doch eines Tages beschlossen sie, die Heiligen Gegenstände hinter einem Baum zurückzulassen, während sie mit zwei Männern, die sie kurz zuvor getroffen hatten, auf die Jagd gingen. Als sie zurückkamen, waren die Ritualgegenstände verschwunden, und die Männer verlangten plötzlich, daß sie ihnen folgen sollten. Als sich die Frauen wehrten, mit den Männern mitzugehen, wurden sie von diesen mit Speeren verletzt. Nachdem sie die Frauen verwundet und wehrlos gemacht hatten, schmückten und verschönerten sich die Männer; um die Frauen zu umwerben. Schließlich folgten die Frauen mit ihren Müttern den Männern in deren Land.

Die Ahnfrauen im Mythos verkörpern also auch zwei widersprüchliche Prinzipien in der Identität einer Frau: einerseits das

Bedürfnis nach Unabhängigkeit, andererseits den Wunsch nach Kindern, Gesellschaft und sozialem Austausch, nach Liebe und menschlichem Zusammenhalt. Mit der Darstellung dieses hinterhältigen, mythologischen Raubüberfalls thematisieren die *Kaytej*-Frauen ihren Begriff von der Macht und dem Status der Frau: Das Wissen um die tiefsten Geheimnisse der gestohlenen Heiligen Gegenstände und damit auch das Wissen um die tiefsten Geheimnisse des Landes und die Macht seiner Ahnenwesen liegt bei ihnen – denn niemals kann ein *Dieb* die tiefsten Dinge erfahren.

In diesem bemerkenswerten Mythos wird die offensichtlich grundlegend vorhandene Aggressivität des Mannes gegen die Frau letztlich auf einen fundamentalen Minderwertigkeitskomplex des Männlichen gegenüber dem Leben gebärenden Weib zurückgeführt. Die Geschichte erklärt den männlichen Hang zur Gewalt, ohne ihn zu rechtfertigen. Der Mythos lehrt die Frauen, daß sie sich vor der Unberechenbarkeit der Männer, die auf diesem verdrängten Komplex beruht, in acht nehmen sollen. Der Mythos dient dazu, sie vor den potentiellen Gefahren zu warnen, denen sie sich aussetzen, wenn sie ihr eigenes Traumland verlassen und Männern in deren angestammtes Traumland folgen.

Die Liebe zum Land und die Liebe zwischen Mann und Frau werden in diesen Mythengeschichten symbolisch und auch faktisch auf eine Weise verflochten, die sich unserer westlichen Verstehensweise entzieht. Interessant und für uns unbegreiflich ist: Sowohl in den weiblichen als auch den männlichen Versionen der *Yilpinji*-Mythen wird die Liebe zwischen Mann und Frau im Zweifelsfall immer als eine Beeinträchtigung der Verbindung zwischen Mensch und Land angesehen, denn das vom

Geist der Ahnen erfüllte Land ist die Lebensquelle der Aborigines schlechthin.

Wie der Tod in die Welt kam

Alle Geschichten der Aborigines erzählen davon, daß während der Traumzeit das Erscheinen des Todes in der Welt hätte verhindert werden können. Aber ein Dreaming, ein Schöpferischer Ahne, muß wohl etwas Verhängnisvolles bewirkt haben, woraufhin der Tod in die Welt trat. Jede Stammesgruppe kennt eine Traumzeitgeschichte, die den Augenblick beschreibt, in dem der Tod in die Schöpfung eingeführt wurde. Eine Geschichte, die den Adnyamathanha-Aborigines in den südaustralischen Flinders Ranges gehört, handelt von den Dreamings zweier wirbelloser Tierarten, die diese bedeutende Angelegenheit unter sich ausgemacht haben. Daß es zwei wirbellose Wesen waren, deutet darauf hin, daß es sich um eine Geschichte handelt, die sich in sehr grauer Vorzeit zugetragen hat – wenn wir hier einmal unseren Zeitbegriff verwenden. Die eine Figur in dem Mythos ist die Spinne *Adambara*, die andere eine pelzige gelbe Raupe namens *Artapudapuda*. Diese Raupenart verkriecht sich im modernden Holz unter der Rinde von Eukalyptusbäumen, sie verströmt einen starken Fäulnisgeruch und gleicht in Farbe und Beschaffenheit faulendem Gras – was auch ihr Name bedeutet: modernder Grasbaum. Außerdem soll dieses Insekt eine ausgeprägte Aversion gegen Spinnen haben, die es sofort angreift, wenn sie in seine Nähe kommen. Und so kam der Tod in die Welt:

> Adambara und Artapudapuda saßen zusammen
> und unterhielten sich darüber, was geschehen solle,

wenn die Menschen so alt und krank wurden, daß sie sterben mußten. Bei diesem schwierigen Thema kamen sie zu keinem Ergebnis und trennten sich nach einer Weile wieder. Beide versprachen jedoch, jeder für sich gründlich nachzudenken, was in dieser so bedeutsamen Sache zu geschehen habe. Nach einer Weile trafen sie sich wieder und begannen ihren Disput erneut.

Artapudapuda, die Raupe, sprach: »Wenn ein Mensch stirbt, soll sein Körper im Grabe bleiben und verwesen, und nur sein Geist soll nach drei Tagen auferstehen.«

Adambara erwiderte: »Nein, ich stelle mir das anders vor. Nachdem ein Mensch gestorben ist, soll er in ein Netz eingewickelt werden, das eine Falltür besitzt. Dann soll das Tor geschlossen und der Mensch für drei Tage allein gelassen werden. Während dieser Zeit wird ein Heilungsprozeß stattfinden, und am Ende der drei Tage wird der Mensch wie ein Schmetterling aus seinem Kokon hervorkommen. Das wünsche ich für die Menschen«, schloß Adambara, die Spinne.

Die Debatte gewann schließlich die Raupe Artapudapuda, und die beiden Ahnenwesen gingen wieder ihrer Wege. Nach einer Weile bemerkte Artapudapuda, daß ihre Verwandten starben und daß sie sie nicht mehr wiedersehen würde. Darüber war sie sehr bestürzt, denn es war schließlich die von ihr durchgesetzte Entscheidung. Artapudapuda war so beschämt, daß sie sich von dieser Zeit an

> unter der Rinde des Widabaumes, des Roten Eukalyptus, versteckte, während Adambara immer irgendwo im Freien gesehen werden kann.
> Adambara wußte, er hatte das Beste für die Menschen versucht, und war nicht beschämt. Deswegen blieb er im Freien.

Diese metaphysische, im Freien lebende Spinne steht für die offene und lichte Seite einer spirituellen Umwandlung, die wir den Tod nennen. Artapudapuda dagegen repräsentiert den dunklen, eher materiellen Aspekt der Welt.
Adambaras Vorstellung, daß alle Verstorbenen in ein Netz gewickelt werden sollen, welches eine Tür hat, die sich nach drei Tagen öffnet, ist das Grundmuster vieler Bestattungsbräuche, die bis heute noch an vielen Orten Australiens Gültigkeit haben. Die meisten Volksgruppen nehmen an, daß der Geist den Verstorbenen drei Tage nach seinem Tode verläßt. Deshalb halten sie nach dem Ableben eines Menschen stets nach einem Zeichen Ausschau, durch das der Geist seine außerkörperliche Reise nach Vukarnaawi, das Land der Toten, ankündigt, das auf der anderen Seite des Ozeans liegt.
Interessant an dieser mythischen Geschichte ist die Metapher von der Auferstehung des Geistes am dritten Tag. Sie kommt in vielen jüngeren Religionen vor, ohne Bezug auf die aboriginalen Mythen. Da keine der entsprechenden Kulturen jemals Kontakt mit den Australiern hatte, konnten sie auch nicht durch deren uralte Vorstellungen beeinflußt werden. Bei dieser Darstellung von nachtodlichen Geschehnissen muß es sich also um eine archetypische Vorstellung im Sinne C. G. Jungs handeln, die zum mythischen Grundwissen der Menschheit gehört.

Eine Geschichte, die von den Kunwinjku aus dem westlichen Arnhemland in Nordaustralien erzählt wird, befaßt sich ebenfalls mit diesen aus dem kollektiven Unbewußten der Menschheit stammenden Phänomen. Der zweite Mythos dieses Liederzyklus vom Tod beschreibt, wie zu Beginn der Welt zwei »Männer« aus Richtung der Goulburn Islands über das Meer kamen. Der eine von ihnen hieß *Mond*, der andere hieß *Djabu* und war eine kleine getupfte Buschkatze.

> Sie kamen ans Ufer und gingen dann landeinwärts. Als sie am Billabong von Red Lily vorbeikamen, nahmen sie ihre Bärte ab und legten sie an das Ufer des Wasserarms. Die Bärte schlugen sofort Wurzeln und verwandelten sich in Bambuspflanzen. Ihre Wanderung führte Mond und Djabu in eine große Sandwüste, die sie durchquerten, und schließlich schlugen sie ein Lager hoch oben in einem Gebirge auf. Hier ruhten sie aus und stellten später verschiedene zeremonielle Gegenstände her, mit denen sie heilige Rituale feierten. Sie lebten in Frieden mit allen Wesen und trieben auch Handel mit den Menschen, die in dieser Gegend lebten oder reisten.
>
> Doch eines Tages wurde der Friede gestört. Eine große Krankheit kam über die Menschen, und auch Mond und Djabu spürten, wie der Tod sich ihnen langsam näherte. Sie beschlossen, etwas dagegen zu unternehmen, sie wollten dem Tod nicht begegnen. Sie schürten ein Feuer, ließen es aufflammen und langsam niederbrennen, bis sich Glut gebildet hatte. Dann legten sie verschiedene Kräuter und

Gewürzblätter auf die Glut, so daß bald alles mit ihrem Rauch eingehüllt war. Mit dieser Prozedur wollten sie sich nicht nur heilen, sondern auch gegen den Tod wappnen – denn sie befürchteten, daß sie niemals mehr leben würden, wenn sie erst einmal gestorben waren.

Aber es kam anders. Zuerst starb Djabu. Mond dagegen gelang es, am Leben zu bleiben, denn er war ein weiser Mann, der sich auf geheime Dinge verstand und über verborgene Kräfte verfügte. Also versuchte er, die tote Buschkatze Djabu wieder ins Leben zurückzuholen, doch es gelang nicht. Aber es war nicht seine Schuld, es war nicht seine Unfähigkeit, die dazu führte, daß es ihm nicht gelang. Es war in Wirklichkeit Djabus Schuld, weil er Mond nicht glaubte. Deswegen konnte dieser seine Macht, ihn in das Leben zurückzuholen, nicht richtig einsetzen.

Djabu lag einfach nur tot da und rührte sich nicht mehr. Schließlich gab Mond seine Versuche auf, den Toten ins Leben zurückzuholen. »Nun gut«, sprach der weise Mond: »Er konnte es nicht glauben. Djabus Körper ist nun für immer tot. Nur sein Geist bleibt lebendig. Wenn ich aber sterbe, wird mein Körper wieder lebendig werden, und ich werde von neuem mit meinem Körper erscheinen.«

Und es wurde wahr, was Mond prophezeit hatte: Nach seinem Tod blickten die Menschen zum Himmel hinauf und sahen tatsächlich, wie Mond mit seinem alten Körper neu hervorkam. Alle jubelten ihm zu, denn alle freuten sich, ihn lebendig wiederzusehen: »Seht doch!« riefen sie laut. »Seht doch! Seht hinauf! Da ist dieser kluge Mond wieder! Er ist wirklich zurückgekommen! Wir sahen ihn sterben, und nun kommt er lebendig wieder zurück!«

Aber die Menschen waren auch traurig, denn ihnen war zutiefst bewußt, daß sie es wie Mond hätten machen sollen. Sie hätten dem klugen Mond glauben sollen. Dann hätten auch sie drei Tage nach ihrem Tod mit neuen Körpern wieder erscheinen können. Djabu, diese ungläubige, kleine, getupfte Buschkatze, hatte sie in die Irre geführt. »Und deshalb, weil wir uns in die Irre führen ließen, werden wir jetzt, wenn wir sterben, einfach begraben. Unser Geist bleibt lebendig, aber unser Körper kann nicht zurückkommen. Und das alles haben wir nur Djabu zu verdanken.«

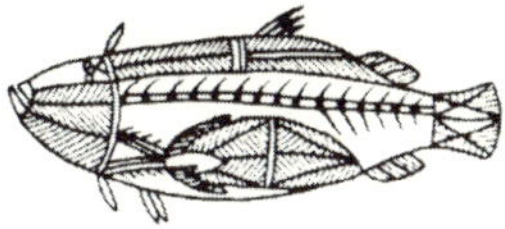

VI TOTEMS UND TRAUMPFADE

Spirituelle Identität

Ein Totem ist im wesentlichen der metaphysische Urahn einer Gruppe von Menschen, eines Clans, und nichts hebt die Verbindung der Aborigines mit ihren Traumzeitahnen deutlicher hervor als ihre totemistische Identität. Kein Aspekt der Existenz eines Menschen steht außerhalb des Totems, und die Existenz des Totems zu leugnen würde zu einem Verlust der persönlichen Identität führen, was das Leben unerträglich machen würde. Wer nicht mit einem Totem verbunden ist, führt eine oberflächliche, unbedeutende Existenz, die nur von den diesseitigen Aspekten der Wirklichkeit bestimmt wird und keine Wurzeln in der Traumzeit hat.

Jeder Aborigine wird in ein Totem hineingeboren. Das bedeutet, er oder sie gehört von Geburt an zu einer Gemeinschaft, in der alle Mitglieder den Namen eines bestimmten natürlichen »Objektes« tragen. Dieses »Objekt« ist gewöhnlich ein Tier oder eine Pflanze, aber es kann auch ein natürliches Phänomen sein wie das Wasser, die Sonne, Wolken oder der Wind. Die Wurzel der totemistischen Identität liegt in der Auffassung der Aborigines über die Entstehung des Menschen. Wie wir wissen, sind die meisten Aborigines nicht der Ansicht, daß der Mensch vom Affen abstammt. In einem Mythos der Arunta in Zentralaustralien stellt sich die Entstehung des Menschen in der Traumzeit folgendermaßen dar:

Zwei Schöpferische Ahnen, sogenannte *Numbakulla*-Wesenheiten, entdeckten auf ihrer Wanderung über das Land am östlichen Horizont eine Anzahl von *Inapertwa*, elementare, rudimentäre Wesen, die sehr vage an eine menschliche Gestalt und Identität denken ließen – obwohl diese *Inapertwa* weder Gliedmaßen noch Empfindungen hatten und auch noch nicht fähig waren zu essen. In gewissem Sinne stellten diese Wesen eine Übergangsform von Tieren und Pflanzen dar, eine Lebensform, die sich in eine andere verwandelte. Diese Präexistenz des Menschen – der in diesem Zustand aber noch kein Mensch ist – können wir am ehesten mit der Existenz einer verpuppten Raupe vergleichen, in welcher der noch nicht lebende Schmetterling bereits existiert.

Die *Numbakulla*-Wesen transformierten diese *Inapertwa*, sie verwandelten sie in Menschen und statteten sie mit allem aus, was einen Menschen ausmacht. Bei dieser Transformation achteten die Ahnenwesen jedoch darauf, daß die neu erschaffenen Wesen nicht völlig von ihrer Urform getrennt wurden, sondern eine lebendige Verbindung bestehen blieb. Das bedeutet, daß jede Frau und jeder Mann der Aborigines innerlich mit ihrer präexistenten Form – ob es sich um ein natürliches Objekt wie einen Eukalyptusbaum, ein Tier oder ein Naturphänomen wie Wolken handelt – weiterhin verbunden bleibt. Kein Mensch kann sein Totem ablehnen oder gar ablegen, denn das käme einer Verleugnung seiner selbst gleich, seines tiefsten innersten Wesens und Ursprungs, einer Verleugnung der Traumzeit, in der all diese Geschehnisse stattgefunden haben.

Hier wird die Komplexität der im magisch-mythischen Weltbild

der Aborigines wurzelnden totemistischen Identität deutlich. Ein Aborigine ist zwar als Mensch ein einmaliges, unverwechselbares Individuum, er ist also durchaus »er selbst« – aber gleichzeitig ist er auch ein Teil jener früheren Übergangsform, die von den *Numbakulla*-Wesen zum Menschen transformiert wurde. Das Totem wird so zu einem Spiegel, in dem der Mensch statt seiner jetzigen Erscheinung seine ursprüngliche Existenzform sehen kann. Diese ist eine nichtmenschliche Existenzform, sowohl als unausgeformtes, rudimentäres *Inapertwa*-Wesen als auch im letzten Urgrund, welcher die Identität des Totemwesens mit einem Schöpferischen Ahnen, einem Dreaming, ist.
Mit »nichtmenschlicher Existenzform« ist nicht nur die äußerliche Erscheinungsform der traumzeitlichen Wesenheiten gemeint. Der Begriff »Totem« steht auch für eine Form von übergeordnetem Bewußtsein, dem der individuelle Geist des einzelnen Menschen entstammt. Die totemistische Identität ist ein Akt der Identifizierung mit einer geistigen Dimension, die über die persönliche Geistigkeit weit hinausgeht.
Das Totem verbindet einen Menschen nicht nur mit einer spirituellen Dimension, sondern »erdet« das Individuum auch, verbindet es mit dem Land, das zu seinem Totemwesen gehört. Das bedeutet für die Aborigines, daß sie Verantwortung für die Pflege und Erhaltung der Totemregion übernehmen und die zu bestimmten Zeiten erforderlichen Rituale ausführen müssen. Die Gesänge des Landes zu kennen, zu wissen, wie das Land zur Zeit des Traums geschaffen wurde und was die Symbole der Körperzeichnungen bedeuten, die zu diesem Land und diesem Totem gehören – all das ist Teil der totemistischen Identität. Ein Mensch ist nur dann ein Mensch, wenn er jeden Aspekt des Totems annimmt und lebt.

Die spirituelle Identität eines Individuums im Totemismus gibt jedem Mitglied eines Clans die Möglichkeit, seine alltägliche Wirklichkeit zu transzendieren, sie in einem viel größeren Zusammenhang zu sehen. Sein Totem ist sein sich wandelndes menschliches Ich und gleichzeitig ein metaphysisches Wahrzeichen, eine metaphysische *Wahrheit*, an der er sich in seinem irdischen Leben orientieren kann. Nicht zuletzt ist das Totem auch ein Symbol, dessen rituelle Verwendung es den Eingeweihten in den geheimsten Zeremonien ermöglicht, von sich aus einen Weg zurück zu seiner vorbewußten Traumexistenz zu finden und sich auf diese Weise mit seinem Ursprung zu verbinden.

Die Churinga

Eine Churinga ist ein heiliger Gegenstand, ein Artefakt, in dem sich die transzendente totemistische Identität und Zugehörigkeit auf materieller Ebene ausdrückt. Die Churinga versinnbildlicht mehr als jeder andere heilige Gegenstand das Erbe der Schöpferischen Ahnen.

Meist wird eine Churinga aus Holz hergestellt. Es ist ein ovaler brettartiger Gegenstand, der das Totem einer Person verkörpert. In der Regel wird es von dem Großvater des Kindes aus einem Stück Holz hergestellt, das aus der Totemregion stammt. Die hölzerne Churinga ist ein *persönlicher*, zu einem bestimmten Menschen gehörender heiliger Gegenstand, der in einem Totemzentrum zusammen mit den hölzernen Churingas der Verstorbenen des Clans aufbewahrt wird. Neben der hölzernen, der persönlichen Churinga existiert auch noch eine steinerne Churinga, die das »Eigentum« des entsprechenden Schöpferischen Ahnen selbst ist und dessen zeitlose Gegenwart auf der Erde re-

präsentiert. Es heißt, sie sei von dem Totemwesen, das sie symbolisiert, selbst angefertigt worden.
Eine Churinga wird einem jungen Mann während der Initiation übergeben, bei der die Beschneidung vorgenommen wird. Diese Zeremonie, in der ihm seine geheimnisvolle, tiefe Verbindung mit seinem Totem aus der Traumzeit offiziell und formell enthüllt wird, ist ein wichtiger Augenblick im Leben des jungen Mannes. In Zeremonien, über deren geheimste Teile bis heute nicht viel bekannt ist, wird ihm die Bedeutung der Zeichen auf der Churinga erklärt. Dazu werden heilige Gesänge in einer Sprache vorgetragen, die dem Initianden bis dahin nicht bekannt war. Nach dem Ritual wird die Churinga wieder mit Blättern umhüllt, mit einer Haarschnur umwickelt und auf eine Plattform im totemistischen Zentrum zurückgebracht.
Die persönliche Churinga wird in der Regel vom Vater an den Sohn überreicht. In Gegenwart der Älteren und erst auf ihre Erlaubnis hin enthüllt der Vater geheime Informationen über das Totem des Sohnes und die transzendenten Bindungen, die zwischen Mensch und Ahnenwesen bestehen. Indem er den Churinga-Stein zum erstenmal berührt und die heiligen Gesänge seines Totems lernt, gelangt der Initiand in den Besitz seiner spirituellen Persönlichkeit. Erst jetzt ist er *ganzer* Mensch, der ein *ganzheitliches* Leben führen kann, weil er nun um seine Verbundenheit mit der Traumzeit weiß.
Das totemistische Identitätsgefühl ist »tiefer« als alles, was in unserem Kulturkreis unter Identität verstanden wird. Diese mag auch vielschichtig sein, aber unserer Identität fehlt die alles durchdringende Spiritualität eines totemistischen Daseins. Wenn ein Aborigine vom Känguruh-Clan ein Känguruh sieht, weiß er, daß dieses Tier vom gleichen Schöpferischen Ahnen ab-

stammt wie er selbst. Dieses Tier ist sein Bruder, und in der Traumzeit waren sie ein und dasselbe.
Die totemistische Identität enthält eine Reihe von Tabuvorschriften, und die wichtigste lautet: Iß nie das Fleisch deines Totemtiers. Es gibt Ausnahmeregeln für Notfälle, aber da muß die Not schon groß sein. Denn das Verspeisen eines Känguruhs ist für einen Menschen des Känguruh-Clans ein Akt von Kannibalismus. Wenn man bedenkt, daß Mensch und Känguruh in der Traumzeit *eins* waren, ist es sogar so etwas wie Autokannibalismus. Die Betrachtungen, die ein Aborigine beim Anblick eines Känguruhs anstellen kann, lassen eine Dimension des Empfindens und Erfahrens erahnen, die sich völlig außerhalb unseres Wahrnehmungsmöglichkeiten befindet.

Kinder des Geistes

In der Weltsicht der Aborigines gibt es keine Geschehnisse, die ausschließlich und allein durch physikalische und chemische Mechanismen und Prozesse bestimmt werden, weil alles in der Welt noch eine zweite, verborgene Seite besitzt. Das betrifft besonders die Vorgänge, die zur Entstehung von Leben führen. In ihrer Vorstellung ist die biologische Erklärung der Empfängnis – eine Eizelle nimmt ein Spermium auf – nur ein Teil des Geschehens, und zwar der wesentlich unbedeutendere. Die Annahme, daß der biologische Vorgang allein zur Entstehung des Geistwesens Mensch führt, ist für sie absurd. Der wesentliche Teil des Geschehens ist das Erscheinen des »Geistes«, der den biologischen Körper des heranwachsenden Fötus beseelt. Eine wichtige Aufgabe besteht darin herauszufinden, woher der Geist des Kindes kommt. Dagegen ist die Beschäftigung mit den biologischen Abläufen unwesentlich. Diese sind für die Ab-

origines ohnehin offensichtlich, die ja existentiell in die Zyklen der Natur eingebunden sind.
Aufgrund des aboriginalen Konzeptes des »Geistkindes«, dieser eindringlichen Betonung des geistigen Aspekts der Menschwerdung, haben die Anthropologen jahrelang zu Unrecht angenommen, die Aborigines wüßten nichts von der Funktion, die dem Spermium bei einer Schwangerschaft zukommt. Das ist nicht verwunderlich: Wo immer sie die Australier nach der Entstehung neuen Lebens befragten, wurde ihnen etwas von »Geistern« erzählt, die aus Gewässern aufstiegen oder in bestimmten Höhlen lebten oder an sonstigen spezifischen Orten zu finden waren. Und diese »Geister« suchten sich Frauen, in die sie eindrangen, um als Mensch geboren zu werden.
Als die Aborigines dann ihrerseits begriffen – das soll in den dreißiger Jahren des 20. Jahrhunderts gewesen sein –, daß die Weißen sie für so naiv hielten, die Rolle der sexuellen Vereinigung bei der Entstehung von neuem Leben zu ignorieren, rief dies bei ihnen Ungläubigkeit und Heiterkeit hervor. Ihnen war völlig klar, daß der Geschlechtsakt zum Entstehen eines neuen Menschen führen kann, doch in ihrer Sichtweise bahnt ein Spermium dem Geistkind bestenfalls den Weg in den Schoß der Frau – der ungleich wichtigere Vorgang ist die spirituelle Empfängnis des Geistkindes.

Die Schöpferischen Ahnen der Traumzeit, die Totemwesen, sind die Gründer aller australischen Clans, und als solche haben sie dafür gesorgt, daß ihre menschlichen Nachkommen für immer mit den Quellen des spirituellen Lebens, mit der Traumzeit, verbunden bleiben können. Nach der Beendigung ihres traumzeitlichen Schaffens ließen die Ahnen an bestimmten Orten Teile ihrer eigenen Lebenskraft zurück. An einem Platz, an dem ein Traumzeitahne ein Stück seines eigenen Wesens zurückließ, entstand in der Traumzeit eine ständige Quelle neuen Lebens, aus der sich bis auf den heutigen Tag kleine Teilchen seiner Lebenskraft »ablösen« oder »aufsteigen«, um als Geistwesen in den Körper einer künftigen Mutter einzutreten und ihren Fötus zu beseelen. Diese Orten sind heilige Stätten, die für alle Zeiten in Ehren gehalten werden müssen.

Zur Erklärung dieses Prinzips benutzen Aborigines gern Metaphern. Man könne sich dieses »Ablösen« der »Geistteilchen« folgendermaßen vorstellen: Die Teilchen lösen sich aus dem am Ort gegenwärtigen ewigen Geist des Ahnen, wie Samen sich von Blüten lösen und vom Wind an einen fruchtbaren Ort getragen werden. Oder sie sind wie kleine Wassertröpfchen, die der Sturm von den Wellenkämmen des Ozeans abreißt.

Die Seele eines jeden einzelnen stammt auf diese Weise von einem Schöpferischen Ahnen aus der Traumzeit ab. Wie in der Landschaft hinterließ der Ahne seinen »Fußabdruck« auch im Geist des Menschen.

Bereits vor der biologischen Befruchtung und bevor es selbst in die Gebärmutter eindringt, »erscheint« das Geistkind den Eltern – sehr oft zuerst dem Mann – und offenbart sich in besonderen Ereignissen in der Natur oder in Träumen, die dazu dienen, den geistigen Ursprung und die Identität seines künftigen Kindes festzustellen. Denn zwischen dem Augenblick, in dem sich das Geistkind von seinem Dreaming abspaltet, und seinem Eintreten in den Körper seiner künftigen leiblichen Mutter kann es verschiedene Gestalten annehmen.

Der Anthropologe W. Lloyd Warner hat folgendes Ereignis beschrieben: Eine Frau bemerkte beim Angeln, daß ein Fisch ganz gezielt auf den Haken zuschwamm, den sie ins Wasser geworfen hatte. Offensichtlich hatte der Fisch einen Bezug zu der Frau, denn er »inspizierte« den Haken, dann schwamm er eine Weile in immer engeren Kreisen um ihre Knöchel, berührte sie schließlich, stürzte sich auf den Haken und biß an. Dann zerriß er die Schnur und verschwand in tiefes Wasser.

Die Frau erzählte dieses Erlebnis ihrem Mann, der einige Tage später einen Traum hatte. In diesem Traum sah er einen kleinen Jungen, der suchend durchs Lager lief, bis er bei ihm angelangt war. Das Kind blieb vor ihm stehen und rief: »Vater! Vater, wo bist du?«

»Ich bin hier«, antwortete der Vater.

»Wo ist meine Mutter?«

Der Vater teilte dem Jungen mit, wo er seine Frau finden könne, und danach erwachte er.

Dieser Traum führte in Verbindung mit der Erfahrung der Frau zu der Schlußfolgerung, der Fötus im Leib der Frau sei ab diesem Augenblick beseelt. Die Identität des kommenden Kindes galt von nun an als eng mit diesem See und diesem Fisch verbunden.

Im Universum der Aborigines existieren also die Ungeborenen bereits in einer spirituellen Form. Sie sondern sich regelmäßig von ihrer Lebensquelle ab und machen sich auf die Suche nach dem Körper einer Frau. Wenn der Fötus einmal durch sexuellen Verkehr entstanden ist, kann die spirituelle Empfängnis erfolgen.

Die biologischen Eltern des Kindes spielen im Denken der Aborigines bei der Menschwerdung eine zweitrangige Rolle, weil die Menschwerdung primär ein spiritueller Vorgang ist. Das Geistteilchen, das beschlossen hat, in eine Frau einzutreten, um sich in einem Menschen zu verkörpern, ist eine vollständige und eigenständige Wesenheit, die ihren Ursprung in weit entfernter Vergangenheit hat und absolut unabhängig von jedem lebenden Menschen existiert. Wenn ein Geistkind in den Schoß der zukünftigen Mutter einzieht, den sie mit ihrem Mann durch den Geschlechtsakt darauf vorbereitet hat, sagen die Aborigines: Das Geistkind ist zum Spermakind geworden.

Es gibt aber auch Geistkinder, die direkt in die Welt kommen, ohne daß durch einen Geschlechtsakt ein Fötus vorbereitet wurde. Die Aborigines glauben, daß eine Frau auch eine geistige Befruchtung herbeiführen kann, dann nämlich, wenn sie mit der Kraft einer der Quellen des Lebens in Berührung kommt. Sie kann unabhängig von einem biologischen Vater ein Geistkind anziehen, indem sie zum Beispiel in eine der Fruchtbarkeitshöhlen geht, zu denen grundsätzlich nur Frauen Zugang haben. Oder sie setzen sich in die Nähe von Wasserlöchern, von bestimmten Felsen oder Baumgruppen, von denen die Aborigines wissen, daß dort Geistkinder leben. Sie gehen an diese Orte, um eines dieser Geistkinder in ihren Schoß zu locken.

Wenn eine Frau nach einem solchen Besuch Schmerzen bekommt, wenn ihr übel wird und sie erbrechen muß, geht sie zu ihrem Mann und beschreibt ihm ganz exakt die Stelle, wo ihre Schmerzen oder ihr Unwohlsein begonnen haben. Dann erkundigt sich der – völlig unbeteiligte – Mann nach den mit dem Ort verbundenen Mythen, um herauszufinden, welcher Schöpferische Ahne aus der Traumzeit dort seine Lebenskraft hinterlassen hat. Die Kraft des Dreaming, die den Ort beherrscht, an dem die Mutter erstmals die Anzeichen der Schwangerschaft bemerkte, wird als Erzeugerin des Kindes betrachtet.

Daraus ergibt sich eine so verblüffende wie gleichwohl logische Schlußfolgerung: Die spirituelle, totemistische Identität eines Menschen kommt weder durch den Vater noch durch die Mutter dieses Menschen zustande. Mit ein wenig Phantasie kann man im aboriginalen Konzept der spirituellen Empfängnis eines Geistkindes eine archetypische Vorlage der »unbefleckten Empfängnis« der Jungfrau Maria in der katholischen Glaubenslehre erkennen. So gesehen könnte man jede Aborigine-Frau, die ein Kind zur Welt bringt, als »Jungfrau« bezeichnen, denn der Eintritt des Geistkindes in ihren Schoß ist nichts anderes als die spirituelle Befruchtung der Frau durch ein »göttliches Wesen«, das dem werdenden Menschen Geist von seinem Geiste gibt.

Die Art der Bestimmung, zu welchem Ahnenwesen ein neuer Mensch nun gehört, wird von den Aborigines auf verschiedene Weise praktiziert. In manchen Gruppen ist die Zuordnung des Totems in erster Linie mit einer Erfahrung verbunden, die eine Schwangerschaft *ankündigt*. Kurz bevor eine Frau bemerkt, daß sie schwanger ist, kann sie oder ihr Mann ein Zeichen empfangen – durch ein ungewöhnliches Ereignis oder einen Traum –, daß ein Kindgeist in ihren Schoß eingetreten ist. Wenn zum Beispiel ein Tier zu diesem Zeitpunkt in auffälliger Weise ihren Weg kreuzt, hat es ihnen die Botschaft gebracht, daß sich ein Geistkind in der Frau verkörpern will. Deswegen wird das künftige Kind mit diesem Tier als einem Totemwesen spirituell verbunden sein.

Andere Clans verbinden die totemistische Identität mit dem *Geburtsort* des Kindes. In solchen Gruppen wird man genau darauf achten, daß eine Frau alle ihre Kinder innerhalb des eigenen,

vom Schöpferischen Ahnen erhaltenen Landes bekommt – am besten an einer Stätte, in der das *Djang*, die metaphysische Energie des Ahnen, besonderes stark ausgeprägt ist. Für manche Clans ist der Ort der *Empfängnis* wichtiger als der Ort der Geburt.
Die genaue Zuordnung des Menschen zu seinem Totem ist von außerordentlicher Bedeutung, denn in ihr begründet sich nicht nur das geistige Recht an einem Land, sondern auch das Anrecht auf die persönliche Churinga, den bedeutendsten heiligen Gegenstand eines Individuums: Erst durch das Recht auf eine persönliche Churinga wird der Mensch zu einem ganzen, einem wirklichen Menschen.

Das aboriginale Konzept der spirituellen Empfängnis eines Geistkindes hat bedeutende Folgen für das Selbstverständnis der Frauen in dieser ältesten Kultur der Menschheit, ein Selbstverständnis, das sich von dem der meisten anderen Frauen in der Welt markant unterscheidet. Die geistige Bedeutung der Empfängnis verringert die persönliche Bindung einer Frau zum Akt des Gebärens und auch zur Mutterrolle. Obwohl die Mutterschaft in Aboriginal-Gemeinschaften einen hohen Stellenwert besitzt, beruht die Achtung für die Frau nicht ausschließlich darauf. Frauen der Aborigines besitzen ihr eigenes spirituelles Wissen und ihre eigenen geheimen Initiationen und lassen sich nicht auf das Kinderkriegen reduzieren. Es gab und gibt Frauen von höchsten Initiationsgraden, die in ihrem Volk die wichtigste Funktion innehatten und -haben, die des »Clever Man«, des Schamanen. Die Frauen verstehen ihre Rolle bei der Geburt eher als die einer Mittlerin, eines zeitweiligen Verbindungsglieds für ein Wesen, das aus der Welt der Geister in die der

Körper wechselt. Die Frauen der Aborigines wissen, daß der Geist eines Kindes auch nach einer Abtreibung oder einer Fehlgeburt weiterlebt und eine andere Gelegenheit finden wird, um sich zu verkörpern, denn er ist in seiner Existenz unabhängig von physikalischen Vorgängen.

Die Aborigines sehen Kinder nicht als ein Mittel, um ihre eigenen Errungenschaften unsterblich zu machen. Weder ist ein Kind persönlicher Besitz der Eltern, noch sind die Eltern verantwortlich für den Charakter und das Schicksal eines Kindes. Das Kind verdankt seine Geburt der Natur und der geistigen Kraft der natürlichen Umwelt. Seine Familie ist der Stamm, und dessen Angehörige haben alle dieselben Eltern: den Geist des Ahnen und die Mutter Erde. Alle Aborigines sind mit ihren Familien durch einen gemeinsamen spirituellen Ursprung verbunden.

Landschaft und Mythos

Aborigines und auch andere »Naturvölker« leben mit einem Weltgefühl, in dem der Mensch sich auf eine für uns Kinder des Kapitalismus schwer vorstellbare Weise unauflöslich mit der Natur und den ihr innewohnenden, geheimnisvollen Mächten verflochten glaubt. Sie empfinden sich nicht als Beherrscher der Welt, sondern sind völlig in sie eingebunden. Sie fühlen sich noch *verwandt* mit Tieren und Pflanzen. Im Zentrum des aboriginalen Lebens stand seit jeher eine spirituelle Verbindung mit der Natur, die für jeden Aborigine Teil seiner Identität ist. Die aboriginale Schriftstellerin und Theologin Anne Pattel-Gray, die erste Uraustralierin, die einen Doktortitel erwarb, hat das kurz und bündig so formuliert: »Für uns ist die Erde heilig. Sie ist ein lebendes Wesen, in dem unsere lebendigen Wesen ihren

Ursprung und ihr Schicksal haben. Sie ist der Ursprung unserer Identität, die Wurzel unserer Spiritualität und unseres Traumes, die Grundlage unseres Dienstes. Wir sind spirituell an die Erde gebunden.«

Für einen Europäer ist die ihn umgebende Natur etwas grundsätzlich von ihm Getrenntes. In unseren Schulen lernen wir zwar, daß wir ein Teil der Natur sind, aber wir empfinden die Natur eher wie eine Kulisse, in welcher der Homo sapiens seinen großen Auftritt hat. Er ist die Krone der Schöpfung, das Herrengeschöpf, das sich die Erde untertan und für seinen Profit zuschanden macht. Unsere Vorstellung von Landbesitz existiert im Bewußtsein der Aborigines nicht, und es gibt dementsprechend in den Aboriginal-Sprachen auch keine Wörter dafür. Ein Aborigine mag erwähnen, daß er Land »habe«, aber er meint damit seine *Pflichten*, die er als Hüter des Clan-Landes hat.

Das Land ist für Aborigines nicht einfach eine »Gegend«, es ist nicht reine Oberfläche, auf der sie herumwandern, jagen und ihr Leben verbringen, und es ist schon gar keine »Rohstoffquelle«. Für die Uraustralier ist die Erde ein Lebewesen. Der Mensch ist Teil dieses Wesens, Mensch und Erde sind, in letzter Konsequenz, *ein* Organismus. Wenn ein initiierter Aborigine sich in Trance versetzt, um eins mit dem Land zu werden, dann fühlt er tatsächlich, wie sein Körper sich verwandelt und über das ganze Territorium des Clans ausdehnt. Die Traumpfade, die dieses Land kreuz und quer durchziehen, sind seine Arterien und Venen, die Sümpfe sind seine Drüsen, und das Gras ist sein Haar. Dieses, so versichern Aborigines, sei nicht symbolisch zu verstehen, sondern wörtlich: Der Mensch und das Land sind auf dieser Ebene des Bewußtseins identisch. Oder anders: Der Geist des Menschen und der Geist des Landes – die beide der Urlebenskraft der Traumzeitahnen entstammen – verschmelzen in der meditativen oder ekstatischen Versenkung miteinander. Dies gilt für diejenigen, die über hohe Initiationsgrade und große praktische Erfahrung in den Beziehungen zur anderen Seite der Wirklichkeit verfügen.

Die lebendige Erde ist die »Große Mutter«, der heilige Nährboden aller Geschöpfe, eine fruchtbare Mutter, deren Schoß alles hervorbringt, was die Geschöpfe zum Leben brauchen, solange sie mit Respekt und liebevoller Fürsorge behandelt wird. Nach Ansicht der Aborigines bilden das Land, die Menschen, die gesamte Flora und Fauna und alle sonstigen Naturphänomene ein organisches Ganzes, das mindestens so belebt, empfindend, intelligent und bewußt ist wie jeder seiner einzelnen Teile. Kein Lebewesen ist geringer als ein anderes, weil jedes Leben aus dem Geist der Schöpferischen Ahnen ist. Die Pitjantjatjara der Western Desert verwenden dafür den Ausdruck *Kurunpa* und glauben, daß *Kurunpa* in allen Dingen der physischen Welt gegenwärtig ist. Die Ahnenwesen haben es den Felsen, Bäumen, Pflanzen und Tieren verliehen – alles ist lebendig und von diesem Geist erfüllt. Unsere Massenhaltung von Schlachttieren oder Rodungen ganzer Waldregionen aus Geschäftemacherei sind für Aborigines unbegreifliche, völlig wahnhafte Verbrechen an der heiligen Mutter Erde und ihren Geschöpfen.

»Macht euch die Erde untertan!« Diese biblische Aufforderung ist für einen Aborigine eine blasphemische Parole. Wenn die Erde und der physikalische Kosmos die materielle Manifestation eines universalen Geistes sind – den wir Gott oder auch anders nennen können –, dann hieße das, leicht übertrieben formuliert, daß wir letztlich Gott beherrschen wollen.

Wir haben von diesem Wahn bis heute nicht abgelassen, aber in den letzten Jahren des vergangenen Jahrhunderts ist auch in unserem Denken ein ökologisches Bewußtsein erwacht, das sich mit der Konzeption der Aborigines vergleichen läßt. In der Biologie und den Erdwissenschaften wurde eine Sichtweise entwickelt, die als *Gaia*-Hypothese bekannt wurde, so benannt nach der altgriechischen Muttergöttin. Ihr zufolge wird die Erde als ein lebender Organismus betrachtet. Das globale Ökosystem, in dem – ohne menschliches Eingreifen – alles ineinandergreift und funktioniert und daher *sinnhaft* ist, läßt sich mit einem lebenden Organismus vergleichen. Unsere Nachkommen werden sich an die *Gaia*-Hypothese erinnern, wenn nach dem radikalen Abholzen der tropischen Regenwälder – den Lungen der Erde – die Luft zum Atmen allmählich unerträglich wird.
Wenn wir die Erde lediglich als (tote oder lebende) Materie betrachten, mit der wir machen können, was wir wollen, befinden wir uns – aus der Sicht der Aborigines – im Krieg mit der Schöpfung. Auch wenn wir nicht gleich Nomaden werden wollen, würde es uns und der Welt nicht schaden, hin und wieder die grundlegende Lehre des Traumzeitgesetzes ernst zu nehmen: Du sollst die Erde lieben und dafür sorgen, daß sie so weit wie möglich in ihrer ursprünglichen Reinheit bewahrt bleibt. Du sollst die Natur nicht zerstören, denn damit zerstörst du dich selbst.
Die Aborigines leben seit Zehntausenden von Jahren in völliger Harmonie mit ihrer Umwelt, und der einzige »Raubbau«, den sie bisher an der Erde betrieben haben und immer noch betreiben, ist die Entnahme geringer Mengen von rotem Ocker und Quarzkristallen. Sie interessieren sich nicht für Gold, Silber, Opale und Smaragde oder gar für Eisenerz, Bauxit oder Uran.

Wertvoll sind für sie nur der rote Ocker und die Quarzkristalle, und wertvoll bedeutet: spirituell wertvoll. Bergbau zu betreiben, Löcher in den Leib der Erde zu bohren, ist tabu, also entnehmen sie die Mineralien nur an Stellen, wo sie offen an der Erdoberfläche zu finden sind.

Der rote Ocker ist die heiligste Farbe in allen Ritualen der Aborigines. Sie heilt, beschützt und stärkt. Sie stellt das verwandelte Blut eines Ahnenwesens dar. In bestimmten Teilen Zentralaustraliens wird es mit dem Blut assoziiert, das der Hund *Marindi* vergoß, der im Kampf gegen einen Gecko starb. In Parachilna in South Australia, wo der Hund und der Gecko gegeneinander kämpften und sich das Blut des sterbenden Hundes verwandelte, findet sich heute ein reiches Vorkommen an rotem Ocker. Die Ältesten der Adnyamathanha erzählen, daß in den Flinders Ranges in South Australia ein Gecko namens *Adnoartina* lebte:

> Adno-artina stieg täglich auf die Kuppe eines hohen Hügels und forderte lautstark jeden zum Kampf heraus. Eines Tages hörte der Riesenhund Marindi die Herausforderung, kam durch das ganze Tal herübergelaufen und bellte dem Gecko seine Antwort entgegen. Adno-artina bemerkte den gewaltigen Rachen und die spitzen Zähne des Riesenhundes und entschied, die Sache anders anzugehen. »Ich kämpfe später mit dir«, antwortete er ausweichend.
>
> Marindi knurrte: »Gut. Du wirst eine schöne Mahlzeit für meine Jungen sein.« Dann rollte er sich am Fuß des Hügels zusammen und schlief ein.

Adno-artina wartete, bis die Dunkelheit hereinbrach. Er knüpfte sich eine Zauberschnur um den Schwanz, damit ihn nicht der Mut verlassen würde, und dann schrie er seine Aufforderung zum Kampf wieder heraus. Marindi sprang auf und schnappte nach dem Genick des Geckos, um das Leben aus ihm herauszuschütteln, doch der Gegner war sehr wendig und schnell. Adno-artina tauchte unter dem zuschnappenden Rachen des Hundes weg, packte ihn von unten an der Kehle und biß sich dort fest. Marindi versuchte die Echse abzuschütteln, doch er schaffte es nicht. Die Zähne des Geckos zerfetzten seine Kehle, das rote Blut schoß heraus und verwandelte sich in jenen roten Ocker, der sich heute bei Parachilna findet.

Für unzählige Orte in der unendlichen Weite des australischen Kontinents gibt es ähnliche Geschichten. Keine Landschaftsformation existiert »einfach so« oder weil ein Fluß eine Schlucht in die Landschaft geschnitten hat oder ein Erdbeben eine Senke entstehen ließ. Jede Landschaftsformation hat ihre eigene spezielle Entstehungsgeschichte in der Traumzeit, und wer diese Geschichten kennt, der kennt das Land. Denn das Land ist die Manifestation des Mythos. Seine Berge, Bäume, Flüsse und alles andere sind Materie gewordene mythische Geschichte.

Ein Europäer, der sich ohne aboriginalen Führer in die Weite des australischen »Busches« hinauswagt und seine Satellitennavigationsapparatur vergessen hat, wird sich zweifellos verirren. Wenn er auch noch sein Funkgerät, die Wasserflasche und den

Reservekanister Benzin für den Landrover vergessen hat, wird er dort nach ein paar Tagen des Umherirrens sterben. Ein Aborigine weiß dagegen immer, wo er ist. Der ganze Kontinent ist für ihn selbst in der verlassensten Einöde des Outback mit einer Unzahl von Wegweisern ausgestattet. Diese können nur die Uraustralier sehen. Das gesamte Land ist für sie überspannt mit einem dichten Netz aus heiligen Stätten. Diese Orte sind mit einem – für Weiße unsichtbaren – Geflecht aus Wegen verbunden: den Traumpfaden, den Reiserouten der Schöpferischen Ahnen aus der Traumzeit, die in tierischer, menschlicher oder sonstiger Gestalt über die Erde wandelten und sie dabei zu dem gestalteten, was sie heute ist.

Dieses Netzwerk aus Traumpfaden – die sogenannten *Song Lines* – dient den Aborigines gleichsam als Landkarte, eine Karte aus Liedern, in denen die Topographie des Kontinents aufgezeichnet ist. Liederzyklen beschreiben detailliert die Pfade, denen die Schöpferwesen folgten, und die landschaftlichen Eigenheiten, die sie dabei schufen. Jede Folge von Geschichten markiert einen Weg durch das Land, der diese Orte und die zu ihnen gehörenden mythischen Ereignisse miteinander verbindet.

Es sind Orte, an denen Ahnenwesen erstmals aus der Erde auftauchten oder in den Himmel auffuhren, Orte, an denen sie aus dem Meer kamen und an Land gingen, Orte, an denen sie große Schöpfungsakte vollbrachten oder sich auch nur zur Ruhe niederlegten. Diese *Djang*-Stätten, an denen auch die ungeborenen Geistkinder leben, sind starke Energiequellen, denn sie enthalten die Urlebenskraft, die von einem Traumzeitahnen an dieser Stelle als buchstäbliche Lebensquelle für seinen Clan zurückgelassen wurde. Wer technisch denkt, kann sich dieses System auch wie ein energiedurchflossenes Stromnetz vorstellen mit den *Djang*-Stätten als Steckdosen, aus denen mittels eines Rituals nicht Strom, sondern metaphysische Lebenskraft abgezapft werden kann.

Darüber hinaus sind die Traumpfade auch ein Kommunikationsnetz. Kein Clan »besitzt« eine vollständige *Songline*, sondern jede Gruppe »besitzt« nur einen Teil der Lieder dieser Reisewege. Dadurch sind die Traumpfade zugleich ein System für den kulturellen Austausch über weite Entfernungen, eine Art archaische Telekommunikation. Eine Songline oder ein Liederzyklus der Ahnen kann über Tausende Kilometer mehrere Sprachgebiete durchqueren. Jedes Lied eines Zyklus, das von einer Aktion eines Ahnenwesens an einem bestimmten Ort erzählt, ist der Obhut eines Aborigines anvertraut, der von diesem Moment an sein ganzes Leben lang der Hüter des Traumes dieses Ortes ist. Die Hüter des Landes können sich darauf verlassen, daß alle anderen Hüter an den vielen Stationen der Traumpfade wie sie ihre Pflicht erfüllen. Ein Traumpfad oder eine Songline verbindet nämlich auch den Geist all jener, die diesen Traum und das in ihm enthaltene Wissen teilen.

Jeder Hüter mußte den vollständigen Zyklus an seinem jeweiligen Ort aufführen, denn die Auslassung auch nur einer Strophe des Zyklus würde buchstäblich ein Loch in das Netzwerk der Traumpfade reißen. Durch die wechselseitigen Verbindlichkeiten und das konsequente Akzeptieren individueller und kollektiver Verantwortung wurde während Zehntausenden von Jahren für das Wohl des Landes und seiner Geschöpfe gesorgt.

Die Traumpfade sind auch der Leitfaden für die nomadischen Wanderungen der Aborigines. Dabei ist es ohne Bedeutung, ob der Verlauf dieser Pfade mit den Fruchtbarkeitszyklen in den verschiedenen Gebieten, durch die er führt, übereinstimmt oder nicht. Die Aborigines sind also nicht *irgendwelche* Nomaden, die auf der Jagd bestimmten Tierherden oder der reifenden Vegetation hinterherziehen, wie es für Nomaden üblich ist. Sie folgen auf ihren Wanderungen den Spuren von Schöpferwesen, die ihre direkten Vorfahren sind. Auch das macht die älteste Kultur der Menschheit zu einem ebenso einzigartigen wie geheimnisvollen Phänomen.

Seit Urzeiten haben die Hüter oder „spirituellen Eigner« des Landes die geheimen Informationen aus der Traumzeit bewahrt: Über die Songlines war jeder Bereich des Landes von Region zu Region verbunden, jedes Lied war ein wichtiger Beitrag zum Bestehen der australischen Kultur. Es war, als ob der ganze Kontinent über diese *Songlines* mit sakraler Musik durchtönt würde – ein mythischer Klangteppich, der von den Schöpferischen Ahnen gewebt wurde, als sie über die Erde zogen.

Die mythischen Ereignisse, die einen Ort formten, werden am Abend am Lagerfeuer rezitiert, gesungen und getanzt. Jede Geschichte erzählt von einem bestimmten Ort, und jeder Ort erzählt durch seine Topographie und seine Energie ebenfalls eine bestimmte Geschichte. Für das, was am abendlichen Feuer zwischen dem Land und den Menschen geschieht, gibt es in der Sprache der Pintupi das Wort *Ngurra*. Das bedeutet einerseits das reale »Land« oder auch der reale »Ort«, und es bedeutet noch etwas, für das es in unserer Sprache kein Wort gibt: die im Ritual vollzogene Vereinigung von Mensch, Land und Traumzeitgeschehen.

Die grundlegende Philosophie der Aborigines besagt, daß das Land nicht den Menschen gehört, sondern eher die Menschen zum Land. Die Menschen sind ein Teil des Lebewesens Erde, sie und das Land sind *eins*, sie sind *ein* Körper. David Mowaljarlai, ein Stammesältester der Ngarinwin, hat das so ausgedrückt: »Die Zerstörung der heiligen Stätten und des Landes ist auch die Agonie unseres Volkes ... Planierraupen und Bulldozer walzen über unseren Körper, unsere Leber, unsere Niere, unser Blut. Der Geist der Landbesitzer ist angekränkelt. Planierraupen schaben die Haut von unserem Fleisch – eine Wunde, die nicht verheilen wird: In meiner Sprache – *Wilu* – töten sie uns.« Das ist nicht metaphorisch gemeint, sondern ganz sachlich. Einige Stammesälteste sollen an den psychischen Verletzungen, die sie durch die brutale Zerstörung ihrer heiligen Stätten erlitten, nach einiger Zeit gestorben sein. Erhebungen der australischen Behörden haben etwas Erschreckendes ergeben: Dort, wo die Bergbaufirmen das Land besonders brutal vergewaltigen, schnellt die Selbstmordrate in den Clans, deren *Djang*-Stätten vernichtet werden, sprunghaft in die Höhe.

Ein Älterer der Aborigines prophezeite folgendes: »Wenn die Weißen nicht lernen, Zugang zu den Träumen des Landes, der Pflanzen und der Tiere zu finden, bevor sie sie brauchen oder essen, werden sie krank werden und verrückt. Sie werden die Erde und damit sich selber zerstören.«

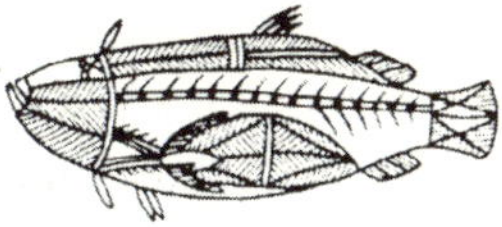

VII DIE ERSTE INITIATION

Das Ende der Kindheit

In allen Gesellschaften gibt es Rituale, sowohl im alltäglichen Mit- und Gegeneinander wie auch in der Religion. Doch die Rituale, die ein christlicher Priester während eines Gottesdienstes zelebriert, lassen sich nur schwerlich mit dem vergleichen, was Aborigines unter einem Ritual verstehen. Wohl keine Kultur der Erde wird derart von ihren Ritualen bestimmt wie die der Aborigines. Ihre uralte Geschichte hinterließ ihnen ein zeremonielles Vermächtnis, das sich fast über jeden Aspekt des Lebens erstreckt. Das Ritual beherrscht alle Übergänge zu neuen Lebensabschnitten, von der Geburt bis zum Tod.

Durch das Ritual stellen die Aborigines den Kontakt zur Urkraft der Schöpfung her. All die komplizierten Gesangs- und Tanzzyklen haben nur einen Zweck: die Verbindung zu den Ahnen der Traumzeit aufrechtzuerhalten, den Bund mit ihnen immer wieder zu erneuern und die heiligen Kräfte zum Wohl des Menschen zu nutzen. Die Tänze, Gesänge und magischen Beschwörungen – all das bringt *Alcheringa*, die Innenseite der Wirklichkeit, immer wieder in ihr Bewußtsein.

Es gibt viele verschiedene Zeremonien, die auch auf verschiedenen »Ebenen« stattfinden. Die rituellen Eigentümer eines Mythenzyklus sind für die Aufführung der damit verbundenen Zeremonien und Lieder verantwortlich. Der Zeremonienmeister – oder auch die -meisterin – hat die soziale Verpflichtung, die Inszenierung der Zeremonie zu organisieren und sich um das Gelände zu kümmern, in dem die Rituale abgehalten werden.

Als generelles Prinzip gilt, daß zeremonielle Aufführungen auf Menschen eines gewissen Ranges oder Status innerhalb der Gruppe beschränkt sind. Gewisse Zeremonien sind etwa nur für ältere Frauen oder nur für ältere Männer zugänglich. Kinder sind bei geschlossenen Zeremonien der Erwachsenen grundsätzlich nicht zugelassen, aber manchmal haben sie schon ihre eigenen Zeremonien. Bei den Alyawarra gibt es für die Kinder die sogenannte *Puratja*-Zeremonie, die abgehalten wird, wenn ein Kind seinen ersten Goanna, eine blauzüngige Echse, fängt.

Die sogenannten *Corroborees* sind für alle Mitglieder der Gruppe, auch für Kinder, zugänglich; es sind immer »offene« Zeremonien, »öffentliche Veranstaltungen« gewissermaßen, bei denen mitunter auch Touristen zusehen dürfen. Sie finden an der Oberfläche statt, und in ihnen werden keine Geheimnisse enthüllt.

In der Welt der Aborigines haben Kinder völlige Freiheit. Die komplizierten Regeln der Erwachsenen gelten für sie noch nicht. Die vielen Tabus des sozialen Miteinanders betreffen sie kaum, und wenn sie diese übertreten, so geben sich in der Regel die Älteren die Schuld daran – sie hätten eben aufpassen müssen, daß die Kinder keinen Unfug machen. Im Zweifelsfall hilft den Kleinen immer Jammern und Weinen, um zu erreichen, was sie wollen, denn die Erwachsenen lieben die Kinder über alles, und es ist ihnen ausgesprochen unangenehm mitzuerleben, daß Kinder weinen.

Der Bruch jedoch, der sich bei Beginn der Pubertät ereignet, ist hart, abrupt und endgültig. Nach der ersten Initiation ist nichts mehr so, wie es vorher war, denn der Schritt in das Erwachsenenalter ist damit unwiderruflich vollzogen. Ein Mensch zählt bei den Aborigines nicht eher als vollwertiges Mitglied der Gemeinschaft, bevor er diese grundlegende Initiation erfahren hat. Ohne sie kann kein Junge ein Mann werden und kein Mädchen eine Frau. Es ist gewissermaßen die Eintrittskarte zu einer ganzheitlichen menschlichen Existenz. Bis zur ersten Initiation führt jede Person – gleich welchen Alters – das Leben eines Kindes, und das ist das Leben eines Wesens, das noch kein vollständiger Mensch ist.

Vom Mädchen zur Frau

In der Traumzeit lebten in Dalingur in Arnhemland zwei Schwestern namens Jalmarida und Baiangun. Eines Tages verließen sie das Lager, um Nüsse von Palmfarnen zu sammeln. Sie fanden viele Nüsse, die sie zwei oder drei Tage lang an der Sonne trockneten. Dann zerstießen sie die Nüsse, stopften sie in einen Beutel und legten diesen in Süßwasser, um die Nüsse eßbar zu machen. Das dauerte seine Zeit, und sie beschlossen, nach Gudjindga zu wandern, während sie darauf warteten, daß die Nüsse weich würden. Dort schlugen sie ihr Lager auf und gingen dann zu einem Mangrovensumpf hinunter, um sich Immergrün von den Wurzeln der Mangroven zu pflücken.

Namaranganin, ein Mann, der in der Nähe dieses Ortes lebte, sah die beiden Schwestern. Er verfolgte sie und beobachtete, wie sie durch den Sumpf gingen. Er beschloß, Regen zu machen, um sie zur Umkehr zu zwingen, weil er mindestens eine von ihnen fangen wollte. Als sich die Regenwolken auftürmten, die Blitze herabzuckten und der Donner grollte, fragten die Schwestern sich: »Was ist geschehen? Hat der Mann, der uns verfolgt, das Unwetter gemacht? Was sollen wir nur tun?« Sie entschieden, geschwind das Immergrün zu sammeln und zum Lager zurückzukehren. Es begann zu regnen, und die Schwestern beeilten sich beim Sammeln und machten sich dann auf den Rückweg.

Namaranganin hatte sich hinter einem Mangrovenbaum verborgen und beobachtete sie immer noch, während er sich überlegte: Jetzt packe ich sie und nehme sie mit. Als die Schwestern an seinem Baum vorüberkamen, sprang er hervor und wollte beide ergreifen. Baiangun, die ältere Schwester, konnte entfliehen, doch er überwältigte Jalmarida, die jüngere. »Du wirst meine Frau! Ich nehme dich mit mir!« Damit verschleppte er sie in den Dschungel.

Baiangun lief ins Hauptlager und erzählte allen, daß Namaranganin Jalmarida in den Dschungel entführt habe: »Namaranganin, der Schelm mit dem langen Penis!« Alle Männer brachen sofort auf, um den Spuren zu folgen.

Währenddessen hatte Namaranganin im Dschungel einen guten Lagerplatz entdeckt.

»Was werden wir tun?« fragte das Mädchen.

»Ein Feuer anzünden und eine Hütte bauen!« antwortete er.
Er erbaute eine Hütte aus Baumrinde und entfachte in ihr ein Feuer, doch Jalmarida wollte nicht mit ihm sprechen. Er versuchte es immer wieder auf verschiedene Arten, aber sie weigerte sich, mit ihm zu reden. Daraufhin ließ er das Feuer qualmen, so daß sich die Hütte mit Rauch füllte. Sie legten sich zum Schlafen hin, und Jalmarida schwieg immer noch.
Der Rauch wurde immer dichter, und später in der Nacht war er so dick, daß Jalmarida davon erwachte und fragte: »Wieso macht dieses Feuer solch einen Rauch? Warum zieht der Rauch nicht ab?«
Namaranganin antwortete: »Nun, damit du mit mir sprichst. Ich will mich jetzt mit dir vereinigen.«
Doch Jalmarida erwiderte: »Das können wir aber nicht, denn Dagurura ist in mir und verschließt meine Vagina.« (Ein Dagurura ist ein Stein mit einem Totemzeichen.)
Namaranganin suchte einen Stock, spitzte ein Ende zu und holte den Stein aus ihr heraus. Als er hervorkam, klang ein tiefes Grollen vom Totemwasserloch der Wonguri herüber. Namaranganin rezitierte heilige Sprüche, und der Stein fuhr aus dem Mädchen heraus und wurde bis in das Wasserloch geschleudert. Seit diesem Geschehen in der Traumzeit ist der Dagurura ein heiliges Zeichen für das Volk der Wonguri. Alle Frauen ihres Volkes konnten nach dem Entfernen des Steins mit Leichtigkeit Geschlechtsverkehr haben.

In der Zwischenzeit hatten die Männer, die den Spuren gefolgt waren, das Lager Namaranganins erreicht. Sie legten einen Feuerkreis um das Lager, so daß der Schelm nicht entwischen konnte, und dann durchbohrten sie ihn mit ihren Speeren und verbrannten ihn auf einem mächtigen Feuer. Jalmarida jedoch ging nicht mit ihnen nach Hause zurück. Jalmarida verwandelte sich in eine Fliege.

Diese schöne Traumzeitgeschichte mit dem archaisch-mythischen Thema der Defloration ist von den Anthropologen R. M. Berndt und C. H. Berndt in ihrem Buch *The World of the First Australians* aufgezeichnet worden, und sie ist so archetypisch, daß wir diese Geschichte in manchen Variationen in späteren Kulturen wiederfinden – ohne daß die späteren Geschichtenerzähler von dieser Traumzeitgeschichte wußten.

Die Einweihungsrituale der Frauen stehen immer in Zusammenhang mit körperlichen Veränderungen: der Menstruation, der Defloration, der Schwangerschaft und der Geburt. In der Phase der ersten Menstruation leben Mädchen eine Weile isoliert und müssen von den älteren Frauen lernen, daß fortan andere Spielregeln gelten. Dabei stellen sie fest, daß sie auf der gesellschaftlichen Stufenleiter ganz unten anfangen und daß die älteren Frauen, die auf Erfahrungen in allen Lebensebenen zurückgreifen können, absolute Autoritäten für sie sind. Zum Abschluß der ersten Menstruation wird ein kurzes Ritual abgehalten, bei dem die Frauen das Mädchen mit symbolischen Zeichen ihres Clans bemalen. Danach kehrt es in die Gesellschaft zurück.

Bevor die Aborigines mit Europäern in Kontakt kamen, wurden junge Mädchen oft rituell von Männern entjungfert, die derselben Verwandtschaftsklasse wie ihr versprochener Ehemann angehörten. Da ein Mädchen bei diesem Ritual in der Regel zwischen vierzehn und fünfzehn Jahre alt war, ist es allerdings unwahrscheinlich, daß sie zum Zeitpunkt der rituellen Defloration noch Jungfrau war. Die Pubertären der Aborigines führen vor ihrer ersten Initiation ein sehr freies Leben, auch in sexueller Hinsicht, so daß die rituelle Entjungferung aller Wahrscheinlichkeit nach entschieden weniger traumatisch war, als es für westlich sozialisierte Menschen den Anschein haben mag. Die rituelle Defloration war analog zur Beschneidung der Knaben das große Übergangsritual von der Kindheit in das Erwachsenenleben und wurde ebenfalls in mehreren aufeinanderfolgenden, miteinander verbundenen Phasen ausgeführt. In späteren Zeiten wurde die rituelle Defloration meist durch ein symbolisches Öffnen des Hymens mit dem gerundeten Ende eines Bumerangs ersetzt.
Die Zeremonie der Defloration beginnt mit dem Einsetzen der ersten Menstruation, während der das Mädchen das Hauptlager verläßt und mehrere Tage in einer kleinen, abgeschiedenen Hütte verbringt, die ihre Mutter oder Großmutter errichtet hat. Wenn es soweit ist, versammeln sich die Frauen zu bestimmten Ritualen und Gesängen, mit denen sie die Initiation traditionell einleiten. In diesen abgeschiedenen Zeremonien werden die Mädchen von den älteren Frauen in die Geheimnisse und Raffinessen der aboriginalen Erotik eingeweiht und darüber informiert, wie sie sich in der Ehe zu verhalten haben. Dieser Aufklärungsunterricht ist wesentlich kürzer als der entsprechende Unterricht für die Knaben, der ziemlich langwierig ist. Frauen, so

heißt es bei den Aborigines, sind von Natur aus in die Geheimnisse des Lebens eingeweiht.

Während der Vorbereitungszeit auf den Hauptakt der Deflorationszeremonie muß die Initiandin bestimmte Nahrungstabus einhalten. In vielen Gebieten ist es ihr untersagt, Fleisch zu essen, weil man glaubt, daß die Tierarten, von denen sie sich während der Tage der Menstruation ernährt, in der nächsten Fortpflanzungszeit weniger Junge bekommen, was nicht erwünscht ist. Dieses Tabu gilt auch für alle folgenden Menstruationen ihres Lebens.

Die Einzelheiten der Initiation unterscheiden sich von Stamm zu Stamm, aber die wesentlichen Zeremonialabläufe bleiben gleich. Nach der Unterrichtung in der Abgeschiedenheit der Hütte wird das Mädchen manchmal zu einem Fluß oder Billabong geführt, wo als zweite Phase der Initiation eine rituelle Reinigung stattfindet. Im Gegensatz zu dem ungeheuren Ernst, mit dem die Männer ihre Initiation umgeben, ist ein solch rituelles Bad eine fröhliche Party, bei der viele – ausschließlich weibliche – Verwandte zusammenkommen. Sie planschen mit dem Mädchen im Wasser herum, während die Mutter die Hütte verbrennt, in der ihre Tochter die Abgeschiedenheitsphase verbracht hat. Dann wird das Mädchen geschmückt und bemalt und kehrt ins Lager zurück, wo sie ohne besondere Festivitäten in einer kleinen Hochzeitszeremonie formell zu ihrem Ehemann und seiner Verwandtschaft »übertritt«.

Der Zeitpunkt des Vollzugs der Ehe ist damit noch nicht festgelegt, er kann auch erst eine bestimmte Zeit nach der Hochzeitszeremonie stattfinden. Meist sind die Clans zunächst damit beschäftigt, die komplexen totemistischen Verwandtschaftsverhältnisse zu regeln, die jede Heirat mit sich bringt.

Auch was den Höhepunkt dieser mehrphasigen Deflorationszeremonie betrifft, gibt es Unterschiede, aber im allgemeinen folgt sie einem bestimmten Muster: An irgendeinem Tag nach der Hochzeitszeremonie, wenn die verwandtschaftlichen Verhältnisse zur Zufriedenheit aller Beteiligten geregelt sind, geht das Mädchen wie gewöhnlich mit den älteren Frauen Nahrung sammeln. Dabei wird es von einer Gruppe von Männern »entführt«, unter denen sich auch der zukünftige Ehemann befinden kann, aber nicht unbedingt muß.

Aus westlicher Perspektive mag ein solches Ritual unerträglich scheinen, weil es den Vorstellungen vom Selbstbestimmungsrecht eines jeden Menschen zuwiderläuft und ihm zusätzlich der Ruch einer Vergewaltigung anhaftet. Die Aborigines – auch die Frauen – sehen das anders. Für sie ist die Sexualität ein natürlicher und angenehmer Bestandteil des Lebens, für die Frauen ebenso wie für die Männer. Die Mädchen freuen sich deshalb in der Regel auf diesen Teil der Initiation, weil sie danach auch offiziell am sexuellen Leben teilnehmen können. Die Männer gebärden sich in diesem Abschnitt des Rituals zwar archetypisch »wild«, aber nicht in Form einer Vergewaltigung, sondern im Rahmen einer lustbetonten und gelösten Zeremonie.

Die Rituale und Tänze erstrecken sich die ganze Nacht hindurch bis zum anderen Morgen. Danach wird der Kopf des Mädchen mit Haarbändern und Schnüren aus Tierhaaren geschmückt. Außerdem wird die Initiandin mit Blut und weißen Federn verziert, manchmal wird sie auch mit Ocker bemalt, zum Zeichen dafür, daß sie nun die magische Kraft des Menstruationsblutes besitzt. Dieses ist ein Zeichen dafür, daß der Clan, in den das Mädchen einheiratet, mit Nachkommen rechnen kann. Aber die magische Kraft kann auch gefährlich sein:

Frauen wissen, wie sie mit Menstruation, Geburt und Fruchtbarkeit umgehen müssen. Für Männer ist dies ein heikles, ja geradezu gefährliches Gebiet. Menstruationsblut gilt als so mächtig, daß es den Frauen generell verboten ist, ihre Menstruation zu verheimlichen. Während ihrer Periode müssen sie bestimmte Rituale einhalten, weil der lebenspendenden Kraft des Menstruationsblutes auch eine tödliche Kraft entspricht, die auf manche Tierarten und kleine Kinder des Stammes zerstörerisch wirken kann.

Der Stamm der Arrernte glaubt, daß der Geruch von Menstruationsblut die Regenbogenschlange, also die fruchtbarmachende Energie der Erde, anzieht und ihre verstärkte Anwesenheit in der Nähe menstruierender Frauen das Stammesleben stören könne. Menstruationsblut steht im religiösen Leben der Aborigines an prominenter Stelle und wird hoch verehrt. Männer reagieren weder mit Ekel noch mit Furcht auf die Menstruation; auch werden menstruierende Frauen nicht als »unrein« bezeichnet, wie es im Judentum, bei den Christen und im Islam vorkommt. Während der Geburt oder der Menstruation gelten Frauen vielmehr als heilig.

Nach dem Deflorationszeremoniell findet bei manchen Stämmen ein »Vergeltungsritual« statt, ein wilder, ekstatischer Tanz, nach dessen Ende die Initiandin und ihre weiblichen Verwandten mit Kampfstöcken auf alle Männer des Stammes einschlagen, die im vergangenen Jahr ihren Zorn erregt haben. Die Frauen haben für diese – oft harten – Prügel, die sie austeilen, keinerlei Vergeltung zu befürchten.

Nach dieser Orgie der Vergeltung wird die Körperbemalung der Initiandin erneut geändert. In manchen Gegenden wird die junge Frau auch erst jetzt mit rotem Ocker bemalt und ihr Kör-

per mit schwarzen Kohlestrichen verziert. Bei einigen Stämmen wird ihr mit weißem Ton zusätzlich eine Mondsichel unter jede Brust oder auf den Bauch gemalt. Diese Zeichnung soll den Menstruationszyklus regeln und dafür sorgen, daß die Blutung nicht ständig anhält, sondern mit jedem neuen Mond wiederkommt. Die Initiandin darf sich weder waschen noch baden, bevor der rote Ocker von selbst abgefallen ist.
Nach diesen Ritualen werden ihr bei manchen Stämmen die Augen verbunden, und die Frauen kehren ins Hauptlager zurück, wo sich die frisch initiierte Erwachsene ihrem Ehemann präsentiert. Sie erhält einen neuen Namen, wird von den anderen Frauen als Gleichberechtigte behandelt und genießt nun in allen sozialen Angelegenheiten und Zeremonien den Status eines voll berechtigten Stammesmitgliedes. Nach der rituellen Defloration muß die junge Frau einen strengeren Sittenkodex befolgen als davor. Sie ist nun eine voll erwachsene Frau und nicht länger ein halbwertiges Mitglied, dem noch jegliche sexuelle Freizügigkeit erlaubt war.

Vom Knaben zum Mann

Die Initiation der Jungen ist ein weit komplizierterer Vorgang, der in einer wochenlangen Isolation im Busch dramatische Formen annimmt. Der Prozeß der Mannwerdung erstreckt sich über mehrere Monate und umfaßt eine ganze Reihe von Ritualen. Der Zyklus beginnt damit, daß die älteren Männer das Lager der Jungen genau beobachten. Da das Alter der Kinder nirgends aufgeschrieben ist, wird bei jedem Jungen auf die Zeichen sexueller Reife, wie Bartwuchs, das Wachsen der Schamhaare oder die Entwicklung der Genitalien, geachtet. Die Jungen wissen das, und sie fürchten sich vor der bevorstehenden Initiation, sehnen sich aber auch gleichzeitig danach, denn welcher pubertierende Junge möchte kein Mann sein?

Im Alter zwischen elf und dreizehn Jahren ist ein Junge »reif« für die Initiation. Die eigentliche Entscheidung, wann er »dran« ist und die Kindheit hinter sich lassen muß, liegt bei seiner Mutter oder seinen weiblichen Verwandten. Deren Entscheidung in die Tat umzusetzen ist dann die gesellschaftliche Pflicht der Männer. Die Frauen können eine Initiation verzögern oder vorziehen, wenn sie das Gefühl haben, es gereiche dem Kind zum Vorteil. Die Übergabe der Knaben an die älteren Männer symbolisiert auch den Beginn eines Übergangs in eine andere soziale Welt, den Weg aus einer sorglosen und betont erotischen, im Weiblichen ruhenden Geborgenheit während der Kindheit, in eine Welt, in der es Verantwortung, Schmerz und Tod gibt. Die Beschneidungsinitiation konfrontiert den Jungen mit den beiden grundlegenden Ängsten, die seinen Schritt zum Mannwerden hemmen: die Angst vor der Trennung von der Mutter und die Angst vor dem Tod, wobei in aboriginaler Sicht diese beiden Ängste im Grunde identisch sind.

Der Zweck der Initiation ist es, in dem Initianden auf drei Ebenen tiefgreifende Veränderungen auszulösen: im individuellen psychisch-körperlichen Bereich, im sozialen Bewußtsein und im spirituellen Bewußtsein. Ob eine Initiation gelingt, hängt vom tief empfundenen Glauben des Jungen ab, daß er während des Rituals auf eine Kraft aus der Traumzeit treffen werde, die ihn zerstört und nach seinem »Tod« wieder zum Leben erweckt.

Die Entführung

Um sicherzustellen, daß die Jungen fest daran glauben, während der Initiation aus dieser Welt herauszusterben und wiedergeboren zu werden, spielt der gesamte Clan bei dieser Täuschung mit. Mütter und weibliche Verwandte der Jungen leisten energischen Widerstand, wenn die Männer kommen, um den oder die Jungen für die Initiation zu »entführen«. Nachdem die Frauen von den Männern »besiegt« sind, brechen sie in herzzerreißendes Weinen aus, fügen sich mitunter Schnittwunden am Kopf zu und rufen, wenn die Jungen fortgeführt werden, verzweifelt: »Der Große Geist wird unsere Söhne töten!«

Die Männer dagegen drohen den Knaben, sie würden umgebracht, sollten sie den Frauen oder Nichteingeweihten jemals verraten, was sie während der Initiation draußen im Busch erfahren werden. Die Frauen erleben diese Rituale Jahr für Jahr und wissen selbstverständlich über sämtliche Einzelheiten Bescheid, und doch brechen die Männer nie den Schwur, die Zeremonien geheimzuhalten. Alle verhalten sich so, als glaubten die Frauen tatsächlich, die Knaben würden getötet und dann wieder zum Leben erweckt.

Nach der Entführung folgt eine Zeit wochenlanger Isolation, bei der gleich zu Anfang einige Männer, meist Verwandte mütterlicherseits, die Rolle der Mentoren übernehmen und die Knaben in das Verhalten einweisen, das in den nächsten Wochen von ihnen erwartet wird. Und es ist viel, was von ihnen erwartet wird. Zunächst stehen sie ebenso wie die Mädchen auf der gesellschaftlichen Stufenleiter ganz unten, auch sie müssen noch alles lernen: Man wird ihnen beibringen, ein guter Ehemann und Vater zu sein, ein guter Jäger und vor allem ein spiritueller Mensch.

Meist werden mehrere Knaben mit in den Busch genommen. Dort werden sie von Kopf bis Fuß mit Blut aus den Adern der älteren Männer eingerieben. Daß der Initiand mit Blut beschmiert wird, symbolisiert den Beginn seines zweiten Hervorkommens aus dem Leib des Lebens. Das Blut initiierter Männer nimmt hier eine lebenspendende Kraft an, ähnlich der des Blutes einer Frau bei der Geburt. Noch bevor den Jungen also rituell Wunden beigebracht werden, opfern die älteren Männer ihr Blut für die Verwandlung der jüngeren.

Auf das erste Ritual des Einreibens mit Blut folgen viele Zusammenkünfte, die jeweils eine ganze Nacht hindurch andauern. Die initiierten Männer sind dabei mit rotem Ocker, Blut und Federn bedeckt, ihre Gesichter sind bemalt, und die Männer sehen im flackernden Feuerschein nicht mehr wie Menschen aus, sondern eher wie Gespenster. Der Initiand wird am Einschlafen gehindert, so daß er schließlich in einen schlafähnlichen Trancezustand gerät. Während dieser nächtelangen Zeremonien lassen die Männer ununterbrochen ihre Schwirrhölzer brummen – die Stimme *Baiames* – und wiederholen in ihren Liedern immer wieder, daß die Initianden jetzt das Gesetz, die Wahrheit und die Wirklichkeit des Lebens erfahren, daß sie in eine neue Dimension ihres Daseins eintreten.

Die Beschneidung

Nachdem die Initianden wochenlang Nacht für Nacht auf die große Stunde vorbereitet wurden, bricht diese dennoch unerwartet über sie herein. Unvermittelt stürmen die Männer zum Feuer im Zentrum des Zeremonienplatzes und kauern davor nieder, wobei ihre Körper eine Art Altar bilden, auf den der Junge von anderen Männern gelegt wird. Der Verwandte, der die Beschneidung ausführen wird, springt auf den Altar aus Menschenleibern und setzt sich dem Jungen rittlings auf die

Brust, das Gesicht seinem Penis und dem Feuer zugewandt. Der Großvater schiebt seinem Enkel einen Bumerang zwischen die Zähne, damit der Schmerz leichter zu ertragen ist und er sich nicht die Zunge abbeißt. Dann trennt der Operateur die Vorhaut mit einem scharfen Quarzmesser ab. Während des Vorgangs umkreist der Großvater den Altar aus Menschenleibern und redet beruhigend auf den Jungen ein.

Die Beschneidung gilt bei den Aborigines nicht als Mutbeweis dafür, daß jemand sich dem Schmerz aussetzen kann, sondern als Demonstration dafür, daß er die »magische« Fähigkeit erlangt hat, sich über den Schmerz zu erheben. Mit der Beschneidung prüft man quasi, wieweit die Knaben die wochenlangen Anleitungen zur Kunst der Autosuggestion verinnerlicht haben, wieweit sie also fähig sind, sich selbst in Trance zu versetzen und über Schmerz und Angst zu triumphieren.

Nach der Beschneidung wird der Knabe vom Altar heruntergehoben. Er kniet still und blutend vor einem Feuer, dessen Rauch ihn einhüllt. Die Männer erheben sich nun zu einem ausgelassenen Tanz, sie singen, schreien und stöhnen unter der Begleitung des archaischen Brummens der Schwirrhölzer.

Bei manchen Stämmen geht nun der ältere Bruder zu dem Initianden und fordert ihn auf, den Mund zu öffnen. Dann gibt er ihm ein kleines Stück »Känguruhfleisch«, verbietet ihm aber, es zu kauen. Wenn der Junge das kleine Stück »Känguruhfleisch« geschluckt hat – das seine Vorhaut ist – klärt ihn der Großvater darüber auf und macht ihm klar, daß er damit seine Kindheit verschluckt habe.

Nun werden dem Knaben zwei Schwirrhölzer überreicht. Im Lauf seiner Kindheit hat er das hypnotische Summen dieses Instruments oft gehört, wenn die Männer es bei geheimen Zeremonien außerhalb des Lagers geschwungen haben. Damals hat man ihm gesagt, es seien die Stimmen von Geistern. Jetzt werden ihm diese Schwirrhölzer als Vater und Mutter vorgestellt. Sein Großvater erklärt ihm, daß er sich von nun an nicht mehr an seine Eltern wenden könne, wenn er in Gefahr ist oder Nahrung braucht, sondern mittels dieser Schwirrhölzer direkt mit den Geistern reden müsse.

Die Rolle der älteren Männer im Beschneidungsritual besteht nicht nur darin, die tiefe Bindung des Kindes an die weibliche Welt zu beenden, damit er in die ihm zugehörige männliche Welt eingeführt werden kann, sondern vor allem auch darin, ihn zu einer neuen Wahrnehmung der spirituellen Dimension und zur Erfahrung eines erweiterten Bewußtseins zu führen. Die Initiation ist der Anfang einer lebenslangen Bewegung auf die Traumzeit zu, auf die innere Ebene der äußerlichen Wirklichkeit.

Nach dem Beschneidungsritual bleiben die Knaben noch eine Weile in einem eigenen Lager unter sich. Sie dürfen sich in dieser Zeit wie Mönche mit Schweigegelübde nur durch Zeichensprache miteinander verständigen und müssen wie in den Wochen vor der Beschneidung fasten oder mit sehr schmaler Kost auskommen. Während dieser Phase werden die Knaben von den alten Männern in zahlreichen, umfänglichen und nächtelangen Zeremonien über die Reise der Menschen nach dem Tod unterrichtet.

Wenn der Penis der Knaben zu heilen beginnt, wird das Knabenlager aufgelöst, und die frisch Initiierten kehren ins Hauptlager der Männer zurück. Wieder werden sie eine ganze Nacht lang wach gehalten und müssen den Tänzen der anderen zusehen. Auf dem Höhepunkt dieser wilden, ekstatischen Veranstaltung werden sie von einem Lagerfeuer zum anderen gehetzt. Man hält ihnen den Kopf über den Rauch und singt dazu die abschließenden Reinigungsgesänge. Dann erfolgt urplötzlich ein Scheinangriff aus dem Dunkeln, bei dem die Bumerangs nur knapp über die Köpfe der neuen Männer hinwegfliegen. Diese dürfen dabei nicht mit der Miene zucken, denn der Angriff gilt nicht ihnen, sondern bösen Geistern, die sich in der Umgebung aufhalten könnten.

Nach langer Zeit kehren alle aus der Wildnis zurück, und die Initiierten werden zu den Kindern und Frauen zurückgebracht, wo geweint und geklagt wird. Erst zum Schluß dieses zeremoniellen Wehklagens kommen die Mütter und weiblichen Verwandten hinzu. Ebenfalls in Tränen aufgelöst, aber gefaßt treten sie zu ihren erschöpften Söhnen, an denen noch immer getrocknetes Blut haftet, das ihre Neugeburt symbolisiert. Das ist der Augenblick, in dem die Mutter »einsieht«, daß ihr kleines Kind »tot« ist und sich die Mutter-Kind-Beziehung verändert hat: Die offene gegenseitige Liebe und Zärtlichkeit, mit der sie sich bisher begegnet sind, ist nun einer zurückhaltenden und sehr viel förmlicheren Achtung gewichen. An die Stelle des »toten« Kindes ist nun ein junger Mann getreten, der tiefe seelische und körperliche Verletzungen ertragen und seinen kindlichen Status dadurch überwunden hat.

So darf er von diesem Augenblick an auch seine Schwestern, die in der Pubertät sind, nicht mehr direkt ansprechen, sondern sich nur noch über andere mit ihnen unterhalten. Sie können sich zwar noch immer auf seinen Schutz verlassen, doch der ungezwungene Umgang mit ihnen ist ab jetzt tabu. Das ist Bestandteil der strengen Regeln gegen Inzest, die in kleinen Gemeinschaften von besonderer Bedeutung sind. Selbst den leisesten

Anschein von Zuneigung muß der junge Mann vermeiden, und Anspielungen auf Sexualität in Gegenwart seiner Schwester sind absolut verboten.

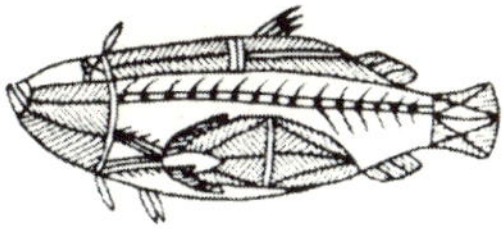

VIII CLEVER MEN

Sie tragen viele Namen, die Männer – und auch Frauen –, die einen Beruf ausüben, dessen Arbeitsfeld in unserer Gesellschaft von Ärzten, Pfarrern, Philosophen, Sozialarbeitern, Psychologen, Psychiatern sowie von politischen und religiösen Scharlatanen beackert wird. Jeder Stamm hat einen anderen Namen für sie. Sie werden *Karadji* oder *Mekigar* genannt; bei den Wuradjeri nennt man eine solche Person einen *Wiri-nan*, einen »mächtigen Mann«, oder auch *Bug-nja*, »Geist des Wirbelwindes«. Von einem *Bug-nja* sagt man, daß sein geistiges Selbst in einem »Wirbelwind« an Orte reisen könne, die gewöhnlichen Menschen während ihres irdischen Daseins unzugänglich sind. Welche Namen die Aborigines ihren »Klugen Männern«, die auch Frauen sein können, auch geben – jeder und jede von ihnen ist ein *Walemira talmai*, »eine(r), der (dem) Wissen weitergegeben wurde«. Als allgemeinen, für die Weißen verständlichen Begriff verwenden die Aborigines die englische Bezeichnung »Clever Men«.

Bei allen sogenannten »Naturvölkern« gab und gibt es eine Person, die eine Art personifizierten geistigen Kern des Volkes darstellt. Ohne die Präsenz solcher charismatischen Personen, die als Hüter des überlieferten Wissens und der Gesetze wirken, hätten die Kulturen unserer Vorfahren nicht überlebt. Diese

Schamanen oder »Medizinmänner« waren spirituelle Führer, Menschen, die das »Große Wissen« erlangt hatten. Einerseits waren die Clever Men »praktische Ärzte«, die sich um die Gesundheit von Körper und Psyche kümmerten, andererseits aber auch in der Lage, durch ihren Geist in Kontakt mit der Sphäre der Schöpferischen Ahnen zu treten. Für die Aborigines sind ihre *Walemira talmai* Bürger zweier Welten – jener der Geistwesen und jener der Menschen. Ihre Rolle ist es, für die Harmonie zwischen diesen Ebenen der Wirklichkeit zu sorgen.

Ein Clever Man hat in seiner Kultur eine Reihe von Aufgaben zu erfüllen, doch seine vorrangigste ist es, in den Menschen das Empfinden für die Wirklichkeit der Schöpferischen Mächte zu erhalten, ohne die es unsere Welt nicht gäbe. Seit Zehntausenden von Jahren obliegt es ihnen, das für die Bewahrung der Schöpfung notwendige »Gefühl« in den Menschen wachzuhalten. Sie sind die von allen anderen akzeptierte geistige Autorität, und sie haben diesen Status nicht durch demokratische Wahlen oder diktatorische Maßnahmen erlangt, sondern aufgrund ihres Wissens und ihrer besonderen Fähigkeiten.

Sie waren – und sind – nicht nur Magier und Heiler, sondern auch Wanderer zwischen den Welten, sie waren – und sind – Geistreisende, deren Bewußtsein in der Lage ist, Ebenen der Wirklichkeit zu erfahren, die gewöhnlichen Sterblichen unzugänglich sind. Ein *Karadji*, so sagen die Aborigines, muß von Zeit zu Zeit nach Kating-ngara »fliegen«, dem Land von *Baiame*, um die kosmische Verbindung mit dem Urgrund der Welt zu erhalten.

Die Siedler des 19. Jahrhunderts dagegen betrachteten die *Megikars* oder *Karadjis* als Betrüger, als Scharlatane und Gauner, die mit Taschenspielertricks und unheimlichen Drohungen die

Naivität und die Angst der Menschen ausnutzten, um so Macht über die »Wilden« ausüben zu können. Ein solcher Einfluß war bei den Weißen unerwünscht, und in der zweiten Hälfte des 20. Jahrhunderts, als die weiße Regierung versuchte, die Aborigines mit und ohne Gewalt »anzupassen«, waren auch in dieser Phase der Unterdrückung die Clever Men das vorrangige Angriffsziel des kulturellen Feldzugs zur Ausrottung des aboriginalen Denkens und Empfindens. Man versuchte sie in Verruf zu bringen und von ihren Stammesgenossen zu isolieren.

Die Auserwählten

Man wird nicht auf die gleiche Weise Schamane, wie man Arzt oder Pfarrer wird. Ein »Medizinmann« kann man nicht werden, weil man einer werden will. Deswegen gab es nie viele von ihnen. Ein Clan, der einen Schamanen zu den seinen zählte, schätzte sich glücklich. Clever Men sind Auserwählte, und manchmal sind sie zu ihrem Leben als *Megikar*, *Karadji* oder *Wiri-nan* im wahrsten Sinne des Wortes »berufen«.

Es gibt im wesentlichen drei Wege, um zu erkennen, ob ein Mensch zu einer solchen Existenz vorherbestimmt ist:

1. Die Begabung zeigt sich schon in der Kindheit. Die älteren Aborigines, und ganz besonders die Clever Men, achten immer darauf, ob ein Kind in ihrer Umgebung entsprechende Neigungen zeigt, ob es sich zum Beispiel für Rituale und andere religiöse Dinge in einem Maß interessiert, das über das Übliche hinausgeht. Dann befassen sie sich mit diesem Kind und sprechen mit ihm über Themen der mythischen Überlieferungen. Wenn das Kind auf einem Niveau denkt, das nicht zu seinem unwissenden und unerfahrenen Geist paßt, wenn es intuitiv Zu-

sammenhänge herstellt, von denen es nichts ahnen kann, dann ist es ein Kandidat für eine spätere Ausbildung zum Schamanen. Manchmal allerdings können es auch nur die Augen eines Kindes sein, die Art und Weise, wie es die Menschen, Tiere, Pflanzen und sonstigen Dinge seiner Umgebung betrachtet, die von den Älteren als Anzeichen der Gabe gedeutet werden.

2. Bei der zweiten Methode konzentriert man sich speziell auf die Nachkommen der Schamanen, denn möglicherweise vererbt sich die Gabe. Das kommt tatsächlich vor, und meist überträgt sich die Gabe vom Vater auf den Sohn. Das Phänomen zeigt sich nicht bei allen, aber doch bei einigen Aborigines-Stämmen. Die Kinder der Magier genießen bei dieser Methode zur Entdeckung der Gabe keine »Vorzugsbehandlung«. Wenn sie keine entsprechenden Neigungen und Talente zeigen, kommen sie nicht in Frage. Niemand kann die Position eines Schamanen dadurch erben, daß er als Sohn in die Fußstapfen seines Vaters tritt, so wie bei uns ein Arztsohn den Beruf des Vaters erlernt und dessen Arztpraxis weiterführt. Zwar ist es vorgekommen, daß Söhne von Schamanen sich anmaßten, ebenfalls Schamanen zu werden, obwohl die Schöpferischen Ahnen dies nicht für sie vorgesehen hatten. Doch solche Versuche scheiterten immer kläglich, denn die praktizierenden Clever Men, Weise von höchsten Initiationsgraden, lassen sich nicht hinters Licht führen. Niemand kann sich selbst zum Schamanen ernennen. Im günstigsten Fall würde er am Gelächter der anderen scheitern, im schlechtesten Fall müßte er für seinen anmaßenden Frevel mit harten sozialen Sanktionen rechnen. Denn die Achtung und Ehrfurcht, die den Clever Men entgegengebracht werden, haben sie sich nicht durch Behauptungen erworben, sondern durch das sichtbare Vorhandensein der Gabe, durch extreme

und langwierige Initiationen und durch Taten, die ihre Fähigkeiten demonstrieren.

3. Der dritte Weg, um zu erfahren, ob man zu einem *Karadji* oder *Megikar* berufen ist, besteht in einer Art Ruf. Es ist ein innerer »Ruf«, den ein Mensch in seinem tiefsten Inneren hören und sehen kann. In Visionen erkennt der Betroffene die Geister Verstorbener oder auch andere Geistwesen. Diese Visionen ereignen sich meist beim Erwachen aus dem Schlaf und ganz besonders während der Genesungsphase nach einer Krankheit. Ein Mensch kann auch versuchen, eine solche Berufung auf sich zu ziehen, indem er weit entlegene Orte in der Wildnis aufsucht und in der Einsamkeit meditiert. Oder er schläft eine Zeitlang in der Nähe des Grabes eines Schamanen oder in der Nähe eines heiligen Ortes. Auch eine solche Berufung wird von praktizierenden Clever Men geprüft. Ihnen als Wissenden bereitet es keine Mühe zu beurteilen, ob eine solche Vision tatsächlich eine Botschaft aus der Traumzeit ist oder ob es sich um Hysterie handelt, um Einbildungen, die aus dem Wunsch entstanden sind, Schamane zu werden. Erscheint den Clever Men eine Berufung echt, wird der Aspirant diversen Tests unterzogen, und wenn seine Begabung sich in diesen Experimenten als beständig erweist, wird er eine Ausbildung zum *Megikar* erhalten.

Der weltweit renommierte australische Anthropologe A.P. Elkin (1891–1979), wohl der bedeutendste Forscher in bezug auf die aboriginale Kultur, hat viele Jahre seines Lebens mit dem »Studium« der *Karadjis*, *Megikars* und *Bug-njas* verbracht. Im Glauben der Aborigines, so berichtet Elkin, stehen alle initiierten Männer in einer gewissen Verbindung mit der Traumzeit, jener geistigen Welt, die der Ursprung der physikalischen Welt ist. Nur Männer von hohem geistigen Rang, die Clever Men, die durch spezielle Initiationen in die Welt des Himmels und der Erde aufgenommen wurden und die das Funktionieren des menschlichen Geistes verstehen, können die Macht anwenden, die den Tod verhütet und das Leben wiederherstellt. Nur diese Eingeweihten sind in der Lage, sich mit Verstorbenen zu unterhalten, um die Seele auf den rechten Weg zu bringen.

Die Initiation der Novizen

Ein Mann, der ein Clever Man werden will, muß bereit sein, schmerzvolle und geheimnisvolle Initiationen zu durchleben, denn erst die machen ihn zu einem *Megikar.* Diese Rituale werden von alten Schamanen durchgeführt – und mitunter auch von den Geistwesen selbst. Das ist dann der Fall, wenn der Novize durch einen »Ruf« eine Vision von seiner Gabe erfahren hat. Ort und Zeitpunkt seiner Initiation werden dann nicht von anderen Clever Men bestimmt, sondern der Aspirant erfährt sie von den Geistwesen selbst.

Über diese Initiationsriten ist wenig überliefert. Gleichwohl gibt es einige Berichte über die »äußeren« Vorgänge, wie sie von Anthropologen beobachtet und von Aborigines erzählt wurden:

Bei den Stämmen in der Wüstenregion Zentralaustraliens etwa verließ ein Mann das Lager, wenn sein Gefühl dafür, daß die Zeit der Initiation gekommen war, übermächtig in ihm wurde. Dann wanderte er allein in die grenzenlose und menschenleere Weite der Wildnis hinaus, bis er zu einer Höhle gelangte, von der er intuitiv wußte, daß es die richtige Höhle war. Er hütete sich davor, in die Höhle hineinzugehen, denn zu schnell nach der Kraft zu verlangen war gefährlich. Ein solcher Versuch hätte ihn den Verstand kosten können, denn wenn er sich geirrt hätte und seine Zeit noch gar nicht gekommen wäre, dann hätte er die Macht der Geistwesen nicht ertragen können. Also legte er sich vor dem Eingang zum Schlafen nieder.

Bald darauf erschien ein *Iruntarinia*, ein Geistwesen, das sein Genick mit einem magischen Speer durchbohrte. Die Spitze des Speeres durchbohrte dabei auch seine Zunge und hinterließ ein Loch, das groß genug war, um einen Finger hindurchzustecken. Danach warf der *Iruntarinia* noch einen magischen Speer, der von einem Ohr zum anderen durch den Kopf des Mannes drang und ihn »tötete«. Der »Tote« wurde dann in das Innere der Höhle getragen, in der sich ihm ein weites, von großen Flüssen durchzogenes Land zeigte. In dieser Höhle – oder in diesem Land – führte das Geistwesen eine umfangreiche Operation an dem Novizen durch, bei der es dessen inneren Organe entfernte und durch neue ersetzte.

Wenn der Initiand aus seinem Trancezustand erwachte, war er nicht mehr der gleiche Mensch wie zuvor. Er verfiel nach dem Erwachen erst einmal in eine Phase des Wahns, in der er das Land – oder die Höhle – nicht verlassen durfte. Erst nachdem er diesen Wahn durchlebt und sich wieder von ihm befreit hatte, durfte er gehen, und das Geistwesen selbst begleitete ihn bis zu seinem Stamm zurück. Man sagt, nur andere Clever Men oder Hunde seien in der Lage, den *Iruntarinia* neben dem neuen Schamanen zu sehen. Für alle anderen sei er unsichtbar.

Nach anderen Erzählungen über solche metaphysischen Initiationen soll mitunter auch der All-Vater *Baiame* selbst gegenwärtig gewesen sein. Er habe sich dann in Menschengestalt gezeigt, von seinen Augen soll ein strahlendes Licht ausgegangen sein, und aus seinem Mund floß »Gali« hervor, ein heiliges »Wasser«

aus flüssigem Quarzkristall. Es heißt, daß diese Flüssigkeit auf den Novizen überströmte und ihn durchtränkte. Daraufhin wuchsen ihm Federn, die sich für den ersten Flug in Gesellschaft *Baiames* zu großen Schwingen entwickelten. Nach dem Flug »sang« *Baiame* einen kleinen Quarzkristall in den Kopf des Menschen hinein, der diesem die Gabe der Hellsichtigkeit vermittelte. Dann holte der All-Vater aus seinem eigenen Körper ein heiliges Feuer hervor und »sang« es in die Brust des Novizen. Nach dieser Prozedur wurden die Schwingen wieder entfernt, und in einem abschließenden Ritual »sang« *Baiame* eine »Maulwe«, eine Kraftschnur, auch »Luftseil« genannt, in den Menschen hinein. Dieses »Luftseil« kann er später bei seinen magischen Praktiken benutzen – wenn er in seiner Entwicklung so weit kommt, daß er lernt, es zu benutzen.
Wenn die Initiation nicht von einem Geistwesen, sondern von einem Gremium praktizierender Schamanen vorgenommen wurde, mußte sich der Novize mindestens ebenso strengen und schmerzhaften Prozeduren unterziehen. Die Meister brachten ihn an einen entlegenen Ort im Busch und vollzogen die angemessenen und notwendigen Vorbereitungsrituale, während derer sie dem Aspiranten zunächst keine Beachtung schenkten. Urplötzlich packten sie ihn dann und hielten ihn mit eisernem Griff fest. Einer der Schamanen zog aus seinem eigenen Körper nacheinander kleine Quarzkristalle heraus und legte sie in die Kerbe einer Speerschleuder. Dann wurden die Kristalle einzeln entnommen und in den Körper des Novizen – von den Beinen bis zur Brust hinauf – hineingepreßt. Die Kristalle wurden unter einen Fingernagel gedrückt und ebenso in die Zunge. Nach diesen Prozeduren, die blutende Wunden verursachten, wurden Kristalle in den Kopf des Mannes »hineingesungen«. Allein die-

ses »Hineinsingen« soll drei Tage gedauert haben, und was dabei geschah, wird für Außenstehende ein Rätsel bleiben. Die Kristalle sind als symbolische oder »metaphysische Kristalle« zu verstehen.

Nach Beendigung aller Initiationsrituale durfte der neue Schamane so lange nicht sprechen, bis die Wunde seiner Zunge verheilt war. Das Loch in der Zunge war die einzige Narbe, die von diesen Prozeduren am physischen Körper des Schamanen zurückblieb – gleich, ob die Initiation von einem Geistwesen oder von Menschen durchgeführt wurde. Auch wenn die Rituale der Initiation von Stamm zu Stamm verschieden waren, der wesentliche Sinn der diversen Prozeduren blieb immer der gleiche: Die Projektion der Quarzkristalle in den Körper und die Implantation des »heiligen Feuers« symbolisierten die Verleihung der magischen Fähigkeiten. Das »Luftseil« stand für die lebende Verbindung zwischen dem Individuum und der Traumzeit. Die Initiationsrituale hatten den Sinn, den »alten Menschen« zu begraben, damit der »neue Mensch« geboren werden konnte. Die symbolische Entfernung der inneren Organe brachte diese Transformation zum Ausdruck, und die neuen Organe, die dem Initianden eingesetzt wurden, bedeuteten für ihn eine neue Ebene seiner menschlichen Existenz.

Magische Kräfte

A. P. Elkin berichtet, daß die »Großen Männer« von einer besonderen Atmosphäre umgeben waren, einer Aura, die anderen Menschen das Gefühl gab, *anders zu sein* als der Schamane. Ihre psychische Kraft sowie ihr Wissen über uralte spirituelle Überlieferungen und eine »magische« Ordnung der Welt trennten sie von ihren Zeitgenossen. Diese Weisen waren ausgesprochen markante Menschen, klare Denker und zudem Männer, die mit mentalen Techniken Dinge bewirken konnten, die ein Mensch »eigentlich« nicht bewirken kann – oder nicht bewirken können und sollen darf.

Ihre Gabe, die sie von den Schöpferischen Ahnen bekommen hatten, befähigte sie nach langen und harten Jahren der Schulung und des Trainings, mit mächtigen spirituellen Kräften, mit einem größeren Geist als dem menschlichen, in Kontakt zu treten. Es scheint, daß ein *Megikar* bestimmte Fähigkeiten besaß, um auf eine uns nicht erklärliche Weise (geistige) Energie zu steuern und zu transformieren. Dabei war ihre Fähigkeit, schwierige mentale Techniken zu meistern, zum Beispiel Hypnose, Gruppenhypnose oder Trance, nur ein Teil dieses Könnens.

Elkin vertritt die Ansicht, daß die Stille und Einsamkeit des australischen Busches die meditative Versenkung und die hypersensiblen Wahrnehmungen erleichtern und so die telepathischen und hellsichtigen Fähigkeiten der Clever Men unterstützen. In vielen aufgezeichneten Geschichten von Forschern wird über besondere Fähigkeiten der Schamanen berichtet. Zum Beispiel sollen sie mittels Telepathie über große Entfernungen hinweg mit anderen Menschen »gesprochen« haben. Wie das funktioniert, berichtete der Anthropologe R. M. Berndt in einem Brief an Elkin. Ein Aborigine aus der Lower-Murray-River-Region besaß nach Berndts Bericht eine solch erstaunliche Fähigkeit, und der Mann erklärte Berndt etwa folgendes:

> Wenn ein Mann unten in der Ebene geht und ich hier oben am Hang des Hügels stehe, blicke ich in

> seine Richtung, während ich zu ihm »spreche«. Er »hört« mich, bleibt stehen und blickt sich um. Dann wende ich meinen Kopf von einer Seite zur anderen, während meine Augen fest auf ihn gerichtet sind und mein Blick tief in ihn eindringt. Und dann »sage« ich: »Komm!« Und während ich ihn mit meinem Blick fixiere, sehe ich, daß er sich in meine Richtung umdreht, weil er meinen Blick spürt. Er sieht sich suchend um, während ich ihn immer weiter anblicke. Dann »sage« ich: »Geh gerade weiter, hier herauf zu dem Ort, an dem ich bin.« Und dann kommt er direkt auf mich zu, direkt hierher, wo ich unsichtbar für ihn hinter einem Busch sitze. Ich ziehe ihn mit meiner Kraft heran. Dann ist er da und stolpert fast über mich. Er hat die Kraft meiner geistigen Worte verspürt, die ihn direkt zu meinem Platz geführt haben.

Diese und ähnliche Demonstrationen paranormaler Fähigkeiten vor Uneingeweihten wurden von anderen Clever Men nicht gern gesehen, da sie offensichtlich keinerlei Problemlösungen dienen, sondern eher das irdische Ego des »Zauberers« befriedigen.

In der anthropologischen Literatur finden sich Berichte über die hellseherischen Fähigkeiten der Clever Men, die von den Aborigines in konkreten Zusammenhängen häufig in Anspruch genommen wurden, insbesondere im Fall des Ablebens von Angehörigen. Der Tod durch Krankheit oder Unfall gilt bei traditionell lebenden Aborigines auch heute noch als unnatürlich. Der Tod als Folge einer Verletzung oder von Altersschwäche dagegen ist natürlich. Bei Tod durch Krankheit und Unfall, so glauben sie, spielen bewußte oder unbewußte magische Kräfte böswilliger Menschen immer eine Rolle. Hier gilt die Regel: Nichts geschieht durch Zufall. Einem solchen Tod geht eine Handlung voraus: Entweder erfolgt sie direkt aus der spirituellen Welt, weil man vielleicht ein Tabu gebrochen hat, oder es ist eine Handlung von Menschen, die schwarze Magie beherrschen.

Entsteht nun der Verdacht, der Tod sei durch Zauberei herbeigeführt worden, wird ein Clever Man gerufen, der den Fall mit seinen Mitteln genau untersucht, um die am Tod schuldige Person ausfindig zu machen. Eine solche Untersuchung war früher für den Stamm oder Clan von großer Bedeutung. Kam es zu einer Schuldzuweisung, so wurde mitunter auch Blutrache geübt, um das Gleichgewicht zwischen Lebenden und Toten wiederherzustellen. Heute ist man nicht mehr von solch archaischer Unerbittlichkeit, aber zu Schuldzuweisungen kann es immer noch kommen. Und es ist auch geschehen, daß Beschuldigte eine Tat gestanden haben.

Wir Europäer mögen solche Berichte in Zweifel ziehen. Aber die Hellsichtigkeit der Clever Men ist nicht so ungewöhnlich, wie es scheinen mag. Daß Menschen auch in unserem Kulturkreis hellsichtig sein können, ist eine belegte Tatsache. Bestimmte Menschen besitzen das »Zweite Gesicht«. Sie können Zugang zu Informationen erlangen, die einem Menschen im »Normalzustand« nicht erreichbar sind, weil sie sich auf einer anderen, einer metaphysischen Ebene befinden.

Es gibt aus den Weltkriegen eine ganze Reihe von Beispielen, in denen Menschen den Tod eines lieben Angehörigen im selben Augenblick halluzinativ miterlebten. Berühmt und beglaubigt ist der Fall des schwedischen Naturforschers Emanuel Swedenborg (1688–1772), der auf seinem etwa hundert Kilometer entfernten Landsitz einen Brand in Stockholm in allen Einzelheiten halluzinativ miterlebte und darüber seine Umgebung wie auch den Distriktabgeordneten informierte. Zwei Tage darauf traf aus Stockholm die Nachricht von dem Brand ein und bestätigte seine Schilderung in allen Details.

Eine andere Form paranormaler Fähigkeiten demonstrieren die Wanderungen, welche die *Megikars* und *Karadjis* allein im Busch unternommen haben. Dabei sollen sie in kurzer Zeit Entfernungen zurückgelegt haben, für die ein normaler Sterblicher ein gutes Geländemotorrad bräuchte. Da sie keinem Uneingeweihten Auskunft über ihre Praktiken gaben und physikalisch-technische Erklärungen ins Leere greifen, bleiben solche Vorfälle ein Rätsel. Auch gibt es Berichte, denen zufolge diese Männer fähig waren, knapp einen Meter über dem Erdboden zu laufen, wobei sie von verdichteter, sie umhüllender Luft getragen wurden. Sie sollen also – mit welcher mentalen Technik auch immer – fähig gewesen sein, eine Art »Trance« zu erreichen, in der sie bis zu einem gewissen Grad der Schwerkraft trotzen konnten. Auf diese Weise soll es ihnen möglich gewesen sein, extrem schnell zu reisen. Solche und ähnliche Berichte über paranormale Aktivitäten der Schamanen sind oft von mehreren Augenzeugen bestätigt.
Bei A. P. Elkin findet sich ein Beispiel für einen Schamanen, der offensichtlich die Kunst der Teleportation beherrschte. Diesem Bericht nach war ein Clever Man mit einigen anderen Aborigines auf einer Outback-Station, wo sie gemeinsam auf einer Pferdekoppel arbeiteten. Als die Männer nach getaner Arbeit zu ih-

rem Lager zurückgingen, das sie in etwa vierhundert Metern Entfernung aufgeschlagen hatten, blieb der Schamane noch in der Koppel zurück und sagte, daß er nachkommen werde. Als sie im Lager ankamen, saß der Schamane jedoch schon dort und schnitzte ungerührt an einem Bumerang, ganz so, als sei er nicht eben noch an einem anderen Ort gewesen. Der Vorfall blieb unerklärlich, denn die anderen hatten ihn nicht an sich vorbeigehen sehen, und es gab auch keinen versteckten Weg, auf dem er sie unbemerkt hätte überholen können.

Es ist nicht überliefert, was diesen Clever Man zu seiner Demonstration hinriß, denn einen offensichtlichen Zweck schien sie nicht zu haben. Möglicherweise hat er mit seiner Materialisation im Lager – oder in der Pferdekoppel – seinen »einfachen« Arbeitskollegen nur seinen gesellschaftlichen Status klarmachen wollen. Das wäre im Sinne der Schamanen tadelnswert, da der Vorgang dann nur dem irdischen Ego diente. Aus welchem Grunde auch immer manche *Megikars* solche metaphysischen Scherze getrieben haben – in der Regel nahmen sie die Berufung zu ihrer geistigen Ausnahmeexistenz ernst.

Wir wissen heute, daß es Menschen gibt, deren Geist eine solche Macht über ihren Körper ausübt, daß sie sogar die vegetativen Körperfunktionen, auf die unser Wille ansonsten keinen Einfluß hat, kontrollieren können. Indische Yogis können die Frequenz ihres Herzschlags nachweislich auf ein paar Schläge in der Minute reduzieren, und ebenso können sie ihre Atemfrequenz auf ein unvorstellbares Minimum beschränken, wenn sie wollen. Sie gehen über glühende Kohlen, ohne sich zu verbrennen, und sie können sich Schnitt- und Stichwunden zufügen, ohne zu bluten. Damit demonstrieren die Yogis den geradezu ungeheuerlichen Einfluß, den der Geist auf den Körper nehmen kann. Gleichwohl bleibt ein solcher Akt immer noch im Rahmen dessen, was wir Naturgesetze nennen.

Etwas anderes ist es jedoch, wenn berichtet wird, ein *Megikar* – oder auch ein indischer Fakir – habe sich über die Naturgesetze hinweggesetzt, jeglicher Schwerkraft gespottet und sei einen Meter über dem Erdboden geschwebt. Dieses Kunststück der Außerkraftsetzung der Gravitation brachte in unserer Kultur bisher nur Jesus von Nazareth zustande, als er über den See Genezareth wandelte, ohne zu versinken. Und in Indien versucht bis heute immer wieder einmal ein Weiser, diese schwierigen Schritte nachzuvollziehen.

Eine gewisse Berühmtheit erlangte der Versuch des prominenten 77jährigen Fakirs Laxman Sandra Rao. 1966 wollte er in Bombay vor tausend zahlenden Gästen und mit den besten Wünschen auch von Indira Gandhi ebenfalls der Schwerkraft spotten. Vor dem Versuch nahm er eine Mahlzeit aus Nägeln mit ein wenig Salpetersäure zu sich, was ihm erwartungsgemäß nichts ausmachte, da er seinen Körper offensichtlich gut unter Kontrolle hatte. Doch als er über das Wasser gehen wollte, ging er augenblicklich und kläglich unter.

Die Beherrschung des eigenen Geistes und Körpers – so verblüffend und unglaublich sie auch immer sein mag – ist also offensichtlich etwas wesentlich anderes als die Manipulation von Naturgesetzen. Deshalb sind Geschichten über die Fähigkeiten der australischen Schamanen zweifellos schwer nachvollziehbar. Es wird auch berichtet, daß manche von ihnen die Fähigkeit besaßen, den »Maulwe-Faden«, der bei der Initiation in sie »hineingesungen« wurde, dieses metaphysische »Luftseil«, das sie mit der Ebene der Schöpferischen Ahnen verbindet, wieder aus

sich »herauszusingen«, um an ihm in die Sphäre der Traumzeit zu »klettern«.
Vorgänge wie diese werden wohl für immer ein Mysterium bleiben. Die Zahl der Eingeweihten, die eine solche spirituelle Ebene erreicht haben, hat sich heute unter den Aborigines dramatisch verringert. Die alten Clever Men sind gestorben, und mit ihnen ist vieles von diesem spirituellen Wissen verloren gegangen.
Auch wenn wir einmal von der Frage absehen, ob Schamanen an einem »Luftseil« hängend der Schwerkraft trotzen können oder nicht – das merkwürdige »Luftseil« in den ältesten Überlieferungen der Menschheit ist offensichtlich ein gewaltiger Archetypus, der sich als Urwahrheit hin und wieder seinen Weg aus dem kollektiven Unbewußten ins Bewußtsein mancher Individuen bahnt. Dieses Luftseil steht für die lebendige Verbindung zwischen der physikalischen, irdischen Welt und der metaphysischen Dimension der Wirklichkeit. Es stellt zugleich – will man es psychologisch deuten – die Verbindung zwischen dem Geist des Individuums und den geheimnisvollen Tiefen des kollektiven Unbewußten dar. Ebenso wie der Archetypus der Großen Schlange taucht dieses Luftseil unabhängig vom spirituellen Wissen der Uraustralier in den Geschichten über »Himmel und Erde« auf, die sehr viel später in anderen Kulturen erzählt wurden.
»Kapra, kennst du den Faden, durch den diese Welt und die andere Welt und alle Lebewesen miteinander verbunden sind? Derjenige, der den Faden kennt und seine Macht, derjenige kennt Brahma … derjenige kennt alle Dinge.« So steht es im *Brihadaranyaka Upanishad* der hinduistischen Religionen. Und in den Überlieferungen der Tibeter heißt es, daß der erste Kö-

nig von Tibet an einem Seil vom Himmel herabkam und dorthin zurückkehrte, bevor das Seil durchtrennt wurde.

Im abendländischen Kulturkreis beschrieb neben anderen kein Geringerer als Homer, wie der olympische Göttervater Zeus, ein goldenes Seil vom obersten Himmel herunterhaltend, die niederen Götter und Göttinnen verspottete, als sie versuchten, ihn aus seiner Sphäre herunterzuziehen: »Niemals werdet ihr Zeus, den höchsten Meister, vom Himmel zu Boden ziehen, wie sehr ihr euch auch anstrengt. Aber wenn ich mich bemühte, fest an diesem Ende des Seiles zu ziehen, könnte ich euch heraufholen – auch die Erde und alles, was darauf ist.« Von einer »Goldenen Kette« des Zeus spricht auch der sogenannte Pseudo-Dionysios Areopagita, ein bis heute unbekannter »Ghostwriter« der europäischen Antike, dessen Werke im fünften nachchristlichen Jahrhundert auftauchten: Ihm scheint es so, als würden wir Menschen nach einer Kette greifen, die von der Höhe des Himmels hängt und zu uns herabsinkt, während wir im Gegenzug versuchen, uns Armlänge um Armlänge hinaufzuziehen.

Geistheiler

Die weißen Buschdoktoren fliegen mit ihren kleinen Flugzeugen auch in die entlegensten Orte des Outback, des australischen »Busches«, um Kranken medizinische Hilfe zu leisten. Ein Aborigine hat die weißen Ärzte und die aboriginalen Schamanen einmal in einer Sentenz miteinander verglichen: »Eure Doktoren können fliegen und heilen Krankheiten – unsere können das auch.«

Abgesehen davon, daß die Schamanen der Uraustralier sogenannte »Bewußtseinsreisen« unternehmen, heilen sie ebenso wie ihre fliegenden weißen Kollegen Krankheiten – wenn auch mit anderen Methoden. Und dies ist zwangsläufig so, weil Krankheiten nach Ansicht der Aborigines auch andere Ursachen haben, als die westliche Schulmedizin glaubt.

In ihrer ganzheitlichen Weltsicht sind die physikalische Ebene der Wirklichkeit, in der sich unser irdisches Dasein vollzieht, und die metaphysische Ebene der Traumzeit eng miteinander verbunden. Was auf Erden geschieht, ist weder reiner Zufall, noch akzeptieren die Aborigines materialistisch-physikalische Gründe als einzige Erklärung für ein Geschehen. Der Ursprung von Krankheit und Unglück liegt in der Welt der Dreamings: Die Schöpferischen Ahnen haben Regeln festgelegt, und wer diese Vorschriften übertritt, riskiert eine Strafe in Form von Krankheit oder sonstigem Unheil. Die Aborigines fragen nämlich nicht nur nach der Art einer Krankheit oder eines Unfalls, sondern vor allem danach, *warum* sich dieses Geschehen ereignet oder ereignet hat: *Warum* wird der eine krank und der andere nicht?

Wir können diese Frage mit den Umwelteinflüssen auf einen Menschen – vom alltäglichen Arbeitsstreß bis zur Infektion im Abenteuerurlaub – erklären, oder wir können die Erbanlagen verantwortlich machen. Damit haben wir auch zweifellos recht, aber auch für uns bleibt ein ungeklärter Rest: So manch einer, der von Natur aus nicht besonders kräftig ist und obendrein ungesund lebt, wird erstaunlich alt, ohne sein Überleben der Chirurgie zu verdanken. Und manch einer, der einen großen Teil seines Lebens mit Kalorientabellen und Fitneßprogrammen bestritten hat, stirbt zur Unzeit. Wieder andere sterben gar den »Plötzlichen Kindstod«, der sich medizinisch nur schwer erklären läßt. »Zufall«, pflegen wir dann zu sagen oder auch: »Pech«.

Für Aborigines taugen »Zufall« oder »Pech« nicht als Erklärung. Eine Krankheit ist für sie niemals bloß Zufall, sondern beruht auf dem Willensakt eines Dreamings. Der Mensch wird krank, weil es ein Geistwesen so beschlossen hat. Ein Aborigine, der ohne die Zustimmung der zuständigen Hüter ein Clan-Gebiet betritt und kurz darauf aus heiterem Himmel heftige körperliche Beschwerden bekommt, weiß auch ohne die Diagnose eines Clever Man, daß sein Tabubruch der Grund dafür ist. Die Kraft des Dreamings des Landes, das er ohne dessen Erlaubnis betreten hat, bewirkt seine Krankheit.
Die Aborigines suchen die Ursachen von Krankheiten traditionell nicht in Viren, Bakterien und Infektionen, von solchen Dingen wußten sie lange nichts, wie ja auch die westliche Medizin erst seit gut einem Jahrhundert die Biochemie ins Auge faßt. Auch heute, da den Aborigines die »weiße Medizin« bekannt ist, vertrauen sie in vielen Fällen zwar auf die Wirksamkeit dieser Behandlungsmethoden, was aber die Ursachen der Krankheit betrifft, geben sie sich mit einer mechanistischen Erklärung nicht zufrieden. Wer einen Schamanen kennt oder weiß, wo einer lebt, wird immer einen *Megikar* zu Rate ziehen, auch wenn er gleichzeitig von einem weißen Doktor behandelt wird. Der versteht nur etwas von den Körpern und nichts von den Geistern.
An den Heilerfolgen der Schamanen gibt es keine Zweifel. Zehntausende von Jahren waren sie die einzigen Ärzte, an die man sich im Krankheitsfall wenden konnte. Man würde kaum davon ausgehen, daß dieser Berufsstand sich so lange behauptet hätte, wenn seine Angehörigen nicht über angemessene Fähigkeiten verfügten. Die aboriginalen Heiler können Knochenbrüche heilen, sie kennen Kräuter zur Bekämpfung von Infektio-

nen, und sie verfügen über eine große Anzahl von natürlichen Medikamenten, zu denen seit Jahrtausenden auch ein »Antibaby-Kraut« gehört, eine pflanzliche Substanz, die sie früher zur Geburtenkontrolle nutzten. In Zehntausenden von Jahren aboriginaler Geschichte hat es niemals eine Übervölkerung gegeben. Die Anzahl der Aborigines blieb vor Ankunft der Weißen im wesentlichen gleich, ohne daß es dazu barbarischer Kriege und verheerender Seuchen bedurft hätte.

Neben den pragmatischen medizinischen Diensten liegt die Hauptaufgabe der Schamanen darin, im Krankheitsfall die Harmonie zwischen den verschiedenen Ebenen der Wirklichkeit wiederherzustellen und dadurch die Ursachen der Krankheit zu beseitigen. Ein *Megikar* bekam von den Schöpferischen Ahnen die Kraft zu heilen, indem sie ihm Einblick in Zusammenhänge gewährten, die Nichtinitiierten unbekannt sind. Dieses Wissen wenden alle Schamanen und »Medizinmänner« dieser Welt an.

In der Praxis arbeiten sie meist mit »Hilfsgeistern«, die in ihrem Auftrag in den Körper des Patienten eindringen. Der französische Ethnologe und Philosoph Claude Lévi-Strauss beschrieb einmal, wie ein Heiler in Mittelamerika eine Frau und ihr Kind rettete, indem er eine schwere Geburt zu einem guten Ende steuerte. Der Schamane wußte, daß jedes Organ der Frau eine eigene Seele besitzt: eine Seele der Gebärmutter; eine Seele der Vagina, eine des Bauches, eine der Leber, eine des Herzens und so weiter. Eine Geburt kann nur gut verlaufen, wenn all diese Seelen harmonisch zusammenwirken. Eine solche harmonische Zusammenarbeit war in diesem Fall nicht gegeben. Die Seele der Gebärmutter sträubte sich, deshalb mußte sie besänftigt und auch zur Ordnung gerufen werden. Der Heiler dirigierte also seine Hilfsgeister in den Körper der Frau, und dort entbrannte nun ein »Kampf« zwischen den Hilfsgeistern und der störrischen Seele der Gebärmutter.

Während im Inneren der Frau ein Kampf der Energien stattfand, besang der Schamane diesen Kampf, der in seinen Strophen immer größere und schließlich kosmische Ausmaße annahm. Damit verlegte er den Schauplatz des Kampfes allmählich vom Körper der Frau in das »Reich der Geister«, in dem auf archaische Weise das Gute und Böse aufeinanderprallten. Mit der Verlagerung des Kampfgeschehens auf eine höhere Ebene transponierte er auch die Angst und die Schmerzen, die bisher das individuelle Problem der Gebärenden waren, in diesen mythologischen Kampf hinein. Bald fühlte die Gebärende sich mehr als Zuschauerin bei einem himmlischen Monumentaldrama und weniger als eine Frau, die gerade Schmerzen und Krämpfe hatte. Auf diese Weise entspannt, gebar sie ein gesundes Kind.

Ein solcher Vorgang ist uns gut verständlich, denn er basiert auf einer Psychologie, die uns vertraut ist, und jede vernünftige Hebamme in unseren Breiten würde ebenfalls ihr Möglichstes tun, um die Frau zu entspannen, auch wenn sie dazu keine kosmischen Dramen vorsingen kann. Bei einer wirklich schweren Geburt aber wäre sie ohne ärztliche Hilfe inklusive Kaiserschnitt wohl überfordert. Ein *Megikar* muß eine solche Situation ohne medizinisch-technische Hilfe meistern. Und fast immer gelingt es ihm, indem er die »Seelen« der Organe harmonisch miteinander schwingen läßt und so einen Ausgleich zwischen der Welt der Geistwesen und der Welt der Körper herstellt.

In vielen Fällen befördert der Schamane – beziehungsweise seine im Körper wirkenden Hilfsgeister – einen Gegenstand aus dem Körper eines Kranken. Bevor er mit der Behandlung beginnt, untersucht er die Lebensumstände des Patienten, seine sozialen Beziehungen, sein Verhalten und seine psychische Beschaffenheit, um die mögliche Ursache des Leidens einzugrenzen. Wenn er genug zu wissen glaubt, fängt er mit der »Operation« an: Während er die schmerzende Körperstelle massiert und an ihr saugt, hat er plötzlich einen Gegenstand in der Hand oder im Mund, zum Beispiel eine große Fischgräte. Das bedeutet, daß das Geistwesen, das die Krankheit verursacht hat, ein Fisch-Dreaming ist. Der Gegenstand selbst aber, den der *Megikar* »hervorgezaubert« hat, ist nur die äußere, sichtbare Seite der krankheiterzeugenden Handlung eines Dreamings. Er ist die materielle Spur der spirituellen Kräfte des Geistwesens. Mit der Entfernung des Gegenstands und der Akzeptanz des ganzen Vorgangs läßt sich die Ursache der Krankheit beseitigen.

Das Entfernen von Gegenständen oder das Heraussaugen von Blut aus dem Patienten, ohne daß dessen Haut dabei die geringste Verletzung aufweist, stellt für uns ein Problem dar. Wir können nicht akzeptieren, daß ein solcher Gegenstand sich tatsächlich im Körper des Kranken befunden hat. Und das Blut, das ausgespuckt wird, stammt doch wohl aus einer Plastikkapsel, die der große Heiler im Mund hatte – oder nicht? Ist das alles also nur fauler Zauber? Gaukelei für geistig Minderbemittelte?

Es gibt verschiedene Betrachtungsweisen. Geht es bei einer schamanistischen Behandlung lediglich um das Hervorzaubern von Gegenständen aus dem Körper des Patienten, dann handelt es sich zweifellos um Gaukeleien. Kein Gegenstand hat sich zuvor in dessen Körper befunden. Andererseits aber ist der Glaube der Menschen hieran so stark, daß ohne eine solche Manipulation viele Heilungen nicht gelingen würden. Mit dem Hervorzaubern eines Gegenstandes demonstriert der Heiler eine Aktion in der sichtbaren Welt, der eine Aktion in der unsichtbaren Welt entspricht, in der ja die Ursache der Krankheit liegt. Diese Taschenspielereien erfüllen ihren Zweck: Sie helfen zu heilen. Die geistigen Energien, die der *Megikar* einsetzt, um die vitalen Abläufe des Patienten positiv zu beeinflussen, sind wirksam. Auch ein erkrankter Schamane zögert nicht, sich an einen Kollegen zu wenden, um Heilung zu erlangen. Er würde das wohl kaum tun, wenn er nicht aus eigener Erfahrung von der ärztlichen Kunst der Schamanen überzeugt wäre. Er weiß, daß die »Taschenspielereien« zur Außenseite der Welt gehören und eine Wirkung auf die Innenseite haben, auf den Bereich, aus dem Heilung kommt.

IX DER KREIS DES LEBENS

Der vorbereitete Tod

Man sagt, das wirkliche Wesen einer Kultur könne man danach beurteilen, wie sie im Leben mit dem Tod umgeht. Unsere Gesellschaft hat die fatale Neigung, das Phänomen Tod möglichst weit aus dem Bewußtsein herauszudrängen. Der Gedanke an das eigene Ende ist für die Menschen einer Kultur, die wenig Wert auf Spiritualität legt, schwierig. Wir empfinden die geistige Beschäftigung mit dem Tod als störend und halten alles, was damit zu tun hat, weit weg von uns.

Für die Aborigines ist der Tod, wie alle Phänomene der Wirklichkeit, ein akzeptierter Bestandteil der Natur, des ewigen Kreislaufs von Entstehen und Vergehen, von Empfängnis, Geburt, Heranwachsen, Reife, Alter, Tod und Wiedergeburt. Diese nicht ungewöhnliche Ansicht finden wir auch in den großen östlichen Religionen. Doch der meditative Weg, den die Religionen des Ostens als »Vorbereitung« auf den Tod gehen, unterscheidet sich deutlich vom Zugang, den die Aborigines und andere schamanistische Kulturen zur metaphysischen Dimension der Wirklichkeit suchen. In den hinduistischen und buddhistischen Religionen versucht man, den Geist durch Meditation schrittweise von den Verstrickungen des irdischen Lebens zu lösen. Zu diesem Zweck übt man sich lebenslang und konsequent in Selbstbeherrschung und Disziplin und erreicht, daß der Geist sich immer stärker mit der metaphysischen Sphäre identifizieren kann. Im Gegensatz dazu gehen die Aborigines – denen meditative Versenkung nicht fremd ist – einen Weg, der primär auch den Körper als Instrument zur Erlangung der »Erleuchtung« einsetzt. Sie suchen im ekstatischen Erlebnis von Schmerz und Lust des physischen Körpers ihre Vision. Die Tiefe der äußeren Empfindung führt sie in die Tiefe der unbewußten Ebenen ihres Geistes. Sie sterben »kleine Tode«, um sich auf den großen vorzubereiten.

Die Aborigines wundern sich über Kulturen wie unsere, in denen der Tod verdrängt wird. Ihrer Ansicht nach führt ein geringes Wissen über den Tod dazu, daß er den Menschen völlig unvorbereitet treffen muß. Das ist für sie ein schrecklicher Gedanke.

Während wir das Sterben als eine verhältnismäßig kurze Zeitspanne unmittelbar vor dem Tod betrachten, sehen es die Aborigines als einen stetigen, das Leben ergänzenden Vorgang, sowohl im biologischen Sinn eines langsamen körperlichen Abbaus als auch in Verbindung mit den Initiationen, die sie im Lauf ihres Lebens durchlaufen. Eine Initiation ist auch ein »Tod im Leben«, da sie jeweils das Ende einer Etappe markiert und eine neue Phase des Lebenszyklus einleitet. Somit gibt es mehrere Tode und Wiedergeburten in der Kultur der Aborigines, die den Menschen auf den letzten Großen Übergang von der physischen Ebene in das Reich des Geistes vorbereiten.

Aboriginal-Männer lassen sich auf verschiedene Arten auf todesähnliche Erfahrungen ein. Hierzu gehören lange Fastenzeiten und die Ausschaltung aller Sinnesreizungen. Auch setzen sie sich stundenlang der sengenden Sonne aus oder liegen reglos auf dem Boden, während stechende Insekten auf sie gestreut werden. Historischen Berichten zufolge wurden kurz vor und unmittelbar nach der englischen Invasion in Australien in einigen Stämmen im Namen *Baiames*, des All-Vaters, so extreme, todesnahe Rituale vollzogen, daß viele Männer an den Folgen starben. Die Aborigines sagen, dieses Eindringen des tatsächlichen, körperlichen Todes in den symbolischen Tod der Initiationen war ein Vorbote des bald über sie gekommenen kolonialistischen Völkermords.

Sich auf die Erfahrung des Todes vorzubereiten ist für einen Aborigine das Sinnvollste, was ein Mensch in seinem irdischen Leben tun kann, denn die Begegnung mit dem Tod kann er nicht vermeiden. Wenn man bedenkt, daß wir uns auf alle möglichen Gesprächstermine und Prüfungen dieses Lebens vorbereiten, so ist es geradezu bizarr, daß wir dies im Hinblick auf den wichtigsten Termin unseres Lebens nicht tun. Dies trifft auch für nichtreligiöse Menschen zu. Neuere Studien über sogenannte Nahtoderlebnisse, die Berichte Reanimierter und diverse parapsychologische Phänomene lassen es zumindest nicht unplausibel erscheinen, daß beim Sterben eine komplizierte Trennung von Geist und Körper vor sich geht.

Die Aborigines verstehen den Tod nicht als ein unwiderrufliches Ende oder als eine »Entrückung« in ein »Paradies«, sondern vielmehr als die Verschiebung des Bewußtseinszentrums eines Menschen in die metaphysische Ebene, die der Urgrund und das Fundament der physikalischen Welt ist. Der Tod ist für Aborigines kein Endzustand, sondern eine Transformation. Ebenso wie das physische Leben nicht ewig dauern kann, ist auch der Tod nicht ewig.

Wenn ein Aborigine auf ein hohes Alter zugeht, spricht er offen darüber, daß er bald sterben wird. Er unternimmt entsprechende Vorbereitungen, wozu auch die Weitergabe seines spirituellen Wissens gehört. Ein alter Mensch, der davon ausgeht, daß alle Vorbereitungen zu seiner Zufriedenheit erledigt sind, betrachtet sich selbst von dieser Zeit an als »tot« und wartet darauf, mit seinen Ahnen zusammenzukommen.

Es heißt auch, daß alte Menschen von ihren Dreamings eine Information über den Zeitpunkt ihres Todes erhalten. Dieses Phänomen ist auch in unserer Kultur nachgewiesen, wenngleich es selten vorkommt. Das mag daran liegen, daß wir ein Leben führen, in dem für solche Sensibilitäten kein Raum ist. Die Aborigines jedenfalls pflegen einen sehr bewußten Umgang mit dem Phänomen Tod, und sie schöpfen ihr Wissen aus einer uralten Quelle. Diese sprudelt in den Tiefen des Unbewußten und birgt Informationen aus einer anderen Dimension der Wirklichkeit.

Von der Seele

Wenn wir die Seelenlehre der Aborigines auf ihre Kernaussagen reduzieren, dann besteht die Seele aus zwei »Teilen«, die meist als *Birrimbirr*- und *Mokoy*-Seele benannt werden. Diese Begriffe stammen von den Yolgnu im Nordosten des Arnhemlandes.

Die uralte Vorstellung einer dualen Seele in den ältesten Überlieferungen ist ein großes archetypisches Bild aus den Tiefen des kollektiven Unbewußten, denn es taucht immer wieder in anderen Kulturen auf, unabhängig von der Mythologie der Uraustralier. Die beiden Dimensionen der Seele entsprechen den Vogelwesen *Ba* und *Ka* in den altägyptischen Todesritualen. Man kann in *Mokoy* und *Birrimbirr* auch die zweigeteilte Seele des Aristoteles erkennen: Die sterbliche *Sinnenseele*, unsere per-

sönliche *Psyche*, entspricht der *Mokoy*; der unsterbliche Funke des göttlichen Geistes, der in uns lebt, entspricht *Birrimbirr*.
Die Dreiteilungen der Seele, die in Religion und Philosophie immer wieder auftauchen, erweisen sich bei näherem Hinsehen doch nur als Zweiteilung. Das gilt für die alten Ägypter ebenso wie für die dreigeteilte Seele Platos. Auch manche aboriginalen Philosophen nehmen eine Dreiteilung der Seele vor, indem sie die *Birrimbirr*-Seele noch einmal in eine »Totemseele« und eine »Ahnenseele« unterscheiden. Die meisten Aborigines lehnen die statische Existenz einer »Ahnenseele« im ewigen Kosmos jedoch ab.

Die *Mokoy*-Seele entspricht bis zu einem gewissem Grad dem, was wir in unserer Welt »Psyche« nennen, denn ihre Befindlichkeit ist durch unser tägliches Leben in unserem Umfeld geprägt. Sie ist an die Dinge dieser Welt gebunden, an Beziehungen zu Partner, Verwandten, Freunden und Kollegen. Es ist jene geistige Kraft, die uns an das Endliche, das Irdische bindet. Im Glauben der Aborigines ist dieses Geistwesen außerdem an Örtlichkeiten gebunden sowie an bestimmte Gegenstände, Geräte, Waffen oder Schmuckstücke.
Beim Tod ist der Umgang mit der *Mokoy* äußerst schwierig. Dieser Seelenteil, der mit dem Charakter des Individuums so eng verbunden war, kann sich schwer von dem Körper und der Person lösen, zu der er so lange gehörte. Für die Aborigines ist sicher, daß es für diesen Teil der Seele ein großer Schmerz ist, von den Lebenden getrennt zu werden. Die *Mokoy* haßt den Tod, weil die durch ihn bewirkte Zustandsänderung des menschlichen Geistes den Kontakt mit der materiellen oder irdischen Welt unterbricht. Diese Seele kann auf der Ebene der Welt

steckenbleiben, nachdem der andere Teil der Seele bereits gegangen ist.

Oft klammert sich die *Mokoy* an die Seele des hinterbliebenen Ehepartners oder einer anderen verwandten Person, so daß sich diese Menschen nach dem Tod nicht aus der emotionalen Abhängigkeit von dem oder der Verstorbenen lösen können. Manchmal reichen der Kummer, die Trauer und die Klagen einer Frau beim Tod ihres Mannes nicht aus, um die Erinnerung und die Verbindung, die seine *Mokoy*-Seele zu ihrem Bewußtsein hergestellt hat, zu lösen. Sie hat sogar die Neigung, sich an den Besitz des Toten zu klammern, der aus diesem Grund verbrannt werden muß. Die *Mokoy* ist gewissermaßen der »dunkle Teil« unseres Wesens, der mit machtvollen Ritualen vertrieben werden muß. Aborigines nennen die *Mokoy* auch »den Schatten«. Der Schatten eines Menschen verschwindet mit dem Tode, während sein lichter Teil, die *Birrimbirr*, weiter besteht.

Die *Birrimbirr*-Seele verschmilzt nach dem Glauben der Aborigines wieder mit dem Geist und der Macht des Schöpferischen Ahnen, des Totemwesens, aus dem heraus die geistige Existenz des Individuums geboren wurde. Es gibt viele Erzählungen, die beschreiben, wie sich die *Birrimbirr* an verschieden gearteten »Luftseilen« in die Sphäre der Dreamings hinaufhangelt und in einen bestimmten Stern am Firmament verwandelt. Aber das kann im Glauben der meisten Aborigines *kein* Dauerzustand sein, und deswegen nehmen sie an, daß sich dieser Teil der Seele, der auch als »Ahnenseele« bezeichnet wird, aus dem Großen Geist des Schöpferischen Ahnen wieder auf der Erde verkörpern wird.

Für die Aborigines führt der Weg der Seele nicht in einen »ewigen Himmel«, für sie gilt, daß die *Birrimbirr* dem Zustand des Absoluten und Ewigen, des Unveränderlichen, der von vielen Meditationsphilosophien als Ziel des spirituellen Lebens angestrebt wird, ausweichen solle. Diesen Zustand zu erreichen bedeutet nämlich, daß man nicht mehr an den immerwährenden Zyklen der Schöpfung teilhaben kann, was für Aborigines kein erstrebenswerter Zustand ist. Ihre *Birrimbirr*-Seele ist eine dynamische Seele, ein Wanderer, so wie sie selbst seit Zehntausenden von Jahren Wanderer sind.

Die Art der Wiedergeburt hängt von vielen Unwägbarkeiten ab, denn wenn ein Ahnenwesen sich verkörpern will, muß es nicht unbedingt die Gestalt eines Menschen annehmen. Es kann sich in allem möglichen verkörpern, als Tier, als Pflanze, als Fels, Fluß oder ein sonstiges Naturphänomen. Für die Aborigines ist das nicht von Bedeutung, da ihrer Ansicht nach alles in der Natur den gleichen Wert und die gleiche Existenzberechtigung besitzt. Vielleicht wird eine *Birrimbirr*-Seele auf ihrer Wanderung irgendwann wieder in ein irdisches Leben hineingeboren, dann, wenn sich ein kleines Teilchen Geist aus dem Großen Geist der Schöpferischen Ahnen löst und als Geistkind den Weg in den Schoß einer Frau findet.

Der lange Abschied

Beerdigungen sind für uns – falls wir der oder dem Verblichenen nicht in Liebe verbunden waren – eine eher lästige Pflicht, nach der wir schnell wieder zur Tagesordnung übergehen. Das Sterben und Begraben anderer erinnert uns auf unangenehme Weise an unsere eigene Vergänglichkeit. In der Kultur der Aborigines geht man hingegen sehr entschieden mit dem Tod um.

Nichts wirkt sich auf das tägliche Leben dramatischer aus als die Nachricht vom Tod eines Menschen. Was auch immer gerade getan wird oder geplant war – alles wird der Trauer um den verstorbenen Menschen untergeordnet.

Die Clan-Angehörigen versammeln sich traditionell im Lager der verstorbenen verwandten Person. Verwandte kommen von sehr weit her, um dem Toten die letzte Ehre zu erweisen. Dabei kommt es zu heftigen Gefühlsausbrüchen: Frauen wälzen sich schreiend am Boden, und Männer fügen sich mit Messern und Beilen Wunden an der Stirn zu. Aus einem solchen Verhalten könnte man den Schluß ziehen, daß der Tod für die Aborigines etwas außerordentlich Fürchterliches sein muß, aber das ist nicht der Fall. Die »kollektive Hysterie« hat Methode. Ihr Sinn ist es, den Schmerz über das Ableben des Verblichenen zu *verstärken*. Der Kummer muß bis zur Neige freigesetzt werden. Die Wunden, die man sich selbst zufügt, sind in der Regel nicht tief, doch das von der Stirn herabrinnende Blut schafft in Verbindung mit dem lauten Jammern und Wehklagen eine Atmosphäre noch tieferer Verzweiflung.

Da die Begräbnisrituale der verschiedenen Stämme in manchen Details voneinander abweichen, soll hier das Wesentliche einer Totenfeier beispielhaft an einer Zeremonie veranschaulicht werden, wie sie bei den Clans in Arnhemland Brauch ist.

In der ersten Phase der Todeszeremonie singen die Trauernden neben dem Leichnam Lieder. Dabei errichten sie oft ein schattenspendendes Dach für den Toten, ein »Haus« aus Stoffbahnen, in dem er aufgebahrt wird. Dann beginnen einige Männer mit Vorbereitungen zu dem Trauerritual. Sie bemalen sich mit rotem Ocker, der den verlassenen Körper, aber auch das Blut des Clans symbolisiert, das von dem Traumzeitahnen stammt. Der

Ocker ist für die Aborigines eine spirituelle Essenz, von der es heißt, daß sie das Blut der Teilnehmer stärke. Die Männer malen die Zeichen des Clans auf die Brust des Verstorbenen. Währenddessen stimmen die Männer der anderen Clans im Wechsel immer wieder Lieder an. Diese thematisieren, teils in symbolischer Form, allesamt den Tod.

Plötzlich stürmt ein schwerbewaffneter Mann auf die Trauernden zu. Er ist mit »Kriegsfarben« bemalt und bunten Bändern geschmückt. Mit seinem Speer bedroht er die Hinterbliebenen und erhebt zornige, laute Vorwürfe. Er beschuldigt sie, den Toten zu dessen Lebzeiten schlecht behandelt zu haben. Er ist gewissermaßen der Anwalt des Toten und der Ankläger der Lebenden. Während seiner Rede wird er immer heftiger, seine Attacken mit dem Speer nehmen fast lebensgefährliche Ausmaße an, und er schwört, den Toten zu rächen.

Die Anwesenden lassen diese Beschimpfungen mit Gelassenheit über sich ergehen. In dem Moment jedoch, in dem der Ankläger seine Beherrschung völlig zu verlieren droht und seine Waffe auf die Trauernden schleudern will, greift eine ältere Frau ein. Sie redet beruhigend auf ihn ein und entwindet ihm den Speer. Nach einigem Protestgeschrei verschwindet der Mann wieder dorthin, woher er gekommen ist.

Im weiteren Verlauf der Zeremonie werden zahlreiche Tänze aufgeführt, die dazu dienen, die *Mokoy*-Seele des Verstorbenen zu vertreiben. Feuer werden angezündet und laute Geräusche gemacht, um die *Mokoy* zum Wegfliegen zu ermutigen. Dieser Seelenteil, der mit der verstorbenen Person selbst, ihrem Charakter und Wesen eng verbunden war, kann sich schwer von dem Körper lösen, zu dem er so lange gehörte. Die *Mokoy*-Seele versucht zudem, bei den Menschen zu bleiben, die zu Lebzeiten

des Verstorbenen zu dessen engerem Kreis gehörten. Auch hat sie die Neigung, sich an den Besitz des Toten zu klammern.
Die *Mokoy* muß verschwinden, und die Tänzer bringen das durch die kontrollierte Aggressivität ihrer Bewegungen zum Ausdruck. Die Gesänge vermitteln der *Mokoy* eine deutliche Botschaft: »Klammere dich nicht an seinen Körper! Klammere dich nicht an seinen Besitz! Klammere dich nicht an uns!«
Wenn diese Zeremonien mit der richtigen Intensität durchgeführt werden, vertreiben sie die *Mokoy*-Seele in die dichten Dschungelgebiete, die es in jedem Clan-Territorium gibt. Wenn die *Mokoy* in den Dschungel vertrieben ist, sind die Hinterbliebenen von jenem Teil der Seele befreit, der ihnen gefährlich werden kann. Die *Mokoy* kann für Dinge Rache nehmen, die dem Verstorbenen zu Lebzeiten angetan wurden.
Mit ihren Ritualen wenden sich die Menschen bewußt an die Seele des Verstorbenen. Der eine Teil, die *Birrimbirr*-Seele, muß wieder auf den Weg zu seinem Ursprung gebracht werden, und der andere, die *Mokoy*, muß in den Dschungel vertrieben werden.
Was ist die tiefere Bedeutung dieser Zeremonien? Nun, sie sind psychologische Trauerarbeit. Alle negativen Emotionen, von Verlust- bis Schuldgefühlen, werden exzessiv, wenn auch in ritualisierter Form, herausgelassen. Unsere Psychiater leben zu einem Teil davon, daß wir bei unserem Abschied von den Toten bestenfalls Tränen vergießen und den Rest an Trauer herunterschlucken. In der Therapie soll der Patient das Ereignis noch einmal erleben, um die versäumte Trauerarbeit nachzuholen. Der Unterschied zwischen den Aborigines und uns liegt darin, daß die Australier die heftigen Emotionen akzeptieren und psychologische Techniken geschaffen haben, um auf angemessene

Weise mit ihnen umzugehen. Auch wenn die Gefühlsausbrüche, die sich im Rahmen der Zeremonie ereignen, im Grunde gespielt sind, fördern sie doch die echten Emotionen an die Oberfläche und lassen sie dadurch frei.

Für die Bestattung, die nach den Feierlichkeiten vorgenommen wird, gibt es keine einheitlichen Regeln. Diese Uneinheitlichkeit betrifft nicht nur die verschiedenen Stämme und Clans. Selbst innerhalb einer kleinen Gruppe gibt es bei der Beerdigung individuelle Vorgehensweisen. Ein Mensch kann innerhalb eines Clans in einem Erdgrab zur letzten Ruhe gebettet werden, oder man kann ihn bei einer Plattformbestattung in Bäumen oder Felsen zurücklassen. Es gibt Sargbegräbnisse in hohlen Bäumen; manche Toten werden verbrannt, manche mumifiziert, bei anderen wieder werden die inneren Organe entfernt.

Auf welche Weise mit der Leiche verfahren wird, richtet sich nach der geistigen Entwicklung, die der verstorbene Mensch in seinem irdischen Leben gemacht hat. Die älteren, initiierten Clan-Mitglieder beobachten aufmerksam jede Initiation der heranwachsenden Männer und Frauen ihres Clans. Sie erkennen, welche Teile der Seele eines Initianden sich am stärksten mit den verschiedenen Übergängen des Lebens befassen. Aufgrund dieser Erkenntnisse legen die Weisen die geeignete Bestattungsprozedur für jede Person fest.

Nach Abschluß der Begräbnisfeierlichkeiten werden die persönlichen Dinge des Toten und der Bestattungsschmuck verbrannt, und dann verlassen alle den Ort. Der hinterbliebene Ehepartner oder andere nahe Verwandte schneiden sich das Haar ab und fügen sich in den nächsten Wochen immer wieder Schnittwunden am Kopf zu, so daß sie ständig leicht bluten.

Nahe Verwandte, vor allem Frauen, halten oft lange Schweigeperioden ein.
Der Name der verstorbenen Person darf noch Jahre nach ihrem Tod nicht von Clan-Angehörigen oder Verwandten ausgesprochen werden. Ein Schamane untersucht den Todesort, den die Gruppe dann verläßt und jahrelang meidet. Auch der Ort, an dem der Tote geboren oder empfangen wurde, muß monate- oder gar jahrelang gemieden werden. Das Tabu, welches das Aussprechen des Namens einer toten Person verbietet, wird streng eingehalten. Die Aborigines glauben nämlich, daß das Schwingungsmuster ihres Namens als Haken oder Anker dienen könnte, an dem sich die Energie der Seele festklammert, um auf der Erde zu bleiben.

Die Bestattungsriten der Aborigines sind zwar langwierig und ausführlich, die Beseitigung des Leichnams ist kompliziert, aber im Mittelpunkt stehen immer die geistigen Dimensionen des Todes, nicht die Beseitigung oder Konservierung des Körpers. Die Zeremonien ergeben sich aus der Weltsicht, daß das Leben aus einer Verschmelzung von geistigen Energien und körperlichen Formen entsteht, die beim Tod wieder sorgfältig getrennt werden müssen. Das wichtigste Ziel aller Bestattungsrituale der Aborigines ist es, das Wohlergehen der Lebenden zu sichern.
Der korrekte Umgang mit dem Tod ist mit der ersten Bestattung noch nicht beendet, sondern setzt sich lange darüber hinaus fort. Dazu kann auch die Exhumierung des Körpers gehören. Das Grab ist nur ein vorübergehender Aufenthalt für den Körper, der Ort, an dem das Äußere eines jeden Menschen vergeht. Auch die *Birrimbirr-Seele* ist nach der ersten Bestattung des Körpers noch nicht endgültig in ihrer geistigen Heimat an-

gelangt. Frühestens nach sechs Monaten, manchmal auch erst nach Jahren, wenn feststeht, daß die Seele des Toten die Erde lange genug bewohnt hat, sammeln die nächsten Hinterbliebenen Verwandte um sich, die ihnen beim Wiederbegräbnis helfen.

Auch diese Zeremonien variieren je nach Clan in ihren Details. Für alle aber gilt die zweite Bestattung als das bedeutendere Todesritual, da es das letzte ist, was die Lebenden tun können. Eine große, beeindruckende Zeremonie, die von verschiedenen Stämmen und Clans gepflegt wird, ist das Dupan-Ritual (*Dupan* – hohler Baumstamm). Nachdem die Aborigines ihre Toten lange Zeit nicht mehr exhumieren durften, führen inzwischen immer mehr Clans diese letzten und heiligsten Zeremonien durch. Auch wenn die Toten heutzutage begraben werden, besteht dieser Brauch weiterhin.

Einige Männer bemalen ihren ganzen Körper mit rotem Ocker und entfachen um das Grab ein Feuer, das stark rauchen muß, da dieser Rauch eine reinigende Wirkung hat. Dann wird das Grab geöffnet, die sterblichen Überreste werden geborgen und mit Wasser gereinigt. Die anderen Teilnehmer dieser Zeremonie sitzen in einigem Abstand vom Grab und singen die Lieder der Todeszyklen, die zum Dreaming des Verstorbenen gehören. Die Gebeine werden zeremoniell zur Behausung der Angehörigen getragen, wo sie von weiblichen Verwandten in Empfang genommen werden. Diese bewahren sie bis zum großen abschließenden Ritual auf.

Das große Dupan-Ritual beginnt bei abnehmendem Mond. (Sie erinnern sich: *Mond* heißt in der Traumzeitgeschichte von *Djabu*, der kleinen getupften Buschkatze, der erste Mann, der starb und wieder ins Leben kam.) Die Vorbereitungen zum Dupan-Ritual nehmen mehrere Tage in Anspruch, in denen man einen als Sarg geeigneten hohlen Baumstamm sucht. Hat man ihn gefunden, wird er entrindet. Die zum Vorschein kommende harte Oberfläche wird mit Zeichnungen des Dreamings vom Clan des Toten geschmückt. Gesänge begleiten diese Tätigkeiten. In einem Lager in der Nähe des Grabes werden gleichzeitig Tänze aufgeführt, die ununterbrochen mehrere Tage und Nächte andauern.

Geht die letzte Nacht des Zeremonienzyklus zu Ende, werden bei Sonnenaufgang die Knochen und der Schädel des Toten unter Führung eines Schamanen an den endgültigen Bestimmungsort gebracht. Auf dem Weg zum Grab singt die Witwe oder der Witwer laut, um dem Geist das Kommen der Menschen anzukündigen.

Die Knochen des Toten werden rot bemalt, dann gespalten und finden in dem gefällten hohlen Baumstamm von etwa drei bis vier Meter Länge ihre letzte Ruhestätte. Nur der Schädel bleibt unversehrt. Auch er wird bemalt und kommt als letztes in den Stamm, er verschließt quasi die Öffnung. Zum Schluß wird der *Dupan* außerhalb des Lagers aufrecht hingestellt.

Für alle mit dieser Zeremonie zusammenhängenden Aktivitäten gelten strenge Tabuvorschriften. Niemand außer den mit rotem Ocker bemalten Männern darf in die Nähe des Grabes kommen. Wer durch den Rauch geht, der über das Grab gezogen ist, kann schwer erkranken.

Nach Beendigung des Rituals waschen sich die Männer den Ocker ab und bestreichen ihren Körper mit weißem Lehm. Sie schneiden ihre Fingernägel kurz und dürfen mehrere Tage lang mit ihren Fingern keine Nahrung berühren. Während dieser Zeit essen sie mit Stäbchen. Nach etwa einer Woche unterziehen sie sich einem Reinigungsritual mit Wasser. Danach bemalen sie einander mit rotem Lehm und schmücken ihren Körper mit dem wichtigsten Dreaming ihres Clans. Mit dieser Handlung heben sie die sie umgebende Tabusphäre wieder auf.

Die allerletzte Bestattung spiegelt die Ansicht der Aborigines wider, daß alle Dinge unter ihrer Außenseite eine verborgene Innenseite haben, die ihr tieferes Wesen ist. Der fleischliche Körper ist für sie die Außenseite, die Knochen sind die Innenseite. Der äußere Körper ist im Lauf der Zeit vergangen, und nur die Innenseite, die Knochen, sind zurückgeblieben. Deswegen wird auch die Rinde, die Außenseite des Baumstamms, entfernt, und nur das Stammholz, die Innenseite, bildet den Sarg. Die Innenseite eines Menschen, die Knochen, werden mit der Innenseite eines Baums vereinigt. Natürlich ist ein *Dupan* kein gewöhnlicher Baum, sondern einer, der durch Bemalung und Gesänge zu einer geweihten Ruhestätte wird.

Damit hat sich ein Kreis des Lebens geschlossen. Die *Birrimbirr*-Seele, das Geistkind, das kleine Teilchen individuellen Geistes, das sich vor vielen Jahren vom Großen Geist gelöst und für eine Weile einen menschlichen Körper beseelt hat, ist zu seinem Ursprung zurückgekehrt.

Der tasmanische Aborigine und Schriftsteller, der sich Jim Everett nennt und dafür einsetzt, daß alle Toten der Aborigines die ihnen zustehenden und für sie notwendigen Zeremonien bekommen, schreibt in seinem Vorwort zu A. P. Elkins *Aboriginal Man of High Degree*:

»Bei einer anderen Gelegenheit hat die tasmanische Aborigine-Gemeinde die sterblichen Überreste lange verstorbener Vorfahren an der Austernbucht verbrannt. Die Gebeine, die sich in

einem staatlichen Museum befanden, wurden uns erst 1984 übergeben, nachdem wir eine sehr emotionale Kampagne gegen die Regierung von Tasmanien geführt hatten.
An diesem Tag wehte ein kräftiger Wind aus Osten. Wir zündeten den Scheiterhaufen an, und der Rauch stieg auf. Aber anstatt mit dem Wind nach Westen zu ziehen, wie er es eigentlich sollte, zog der Rauch direkt gegen den Wind nach Bruny Island hinüber – der Insel, auf der viele Vorfahren gelebt hatten, bevor sie gegen Ende des letzten Jahrhunderts an der Austernbucht ins Gefängnis gesperrt wurden. Der Rauch ihrer brennenden sterblichen Überreste, der hier von der Austernbucht hundert Jahre später in ihr Land zurückzieht, schließt den Zyklus ihres irdischen Lebens jetzt ab. Das Ereignis wurde von allen Aborigines, die bei der Zeremonie zugegen waren, beobachtet und als ein Zeichen der Beziehung zwischen den Lebenden und den Toten betrachtet.«

Am 26. Mai 1998 wurde in Australien erstmals ein »Nationaler Tag des Bedauerns« (National Sorry Day) wegen der Schuld der weißen Einwohner Australiens gegenüber den Aborigines begangen. Genau ein Jahr zuvor hatte eine Untersuchungskommission dem Parlament ihren Bericht über die sogenannten »gestohlenen Generationen« vorgelegt, über die Mischlingskinder, die ihren aboriginalen Müttern weggenommen und in Heime gesteckt worden waren.
Dieser Gedenktag geht auf eine Empfehlung der australischen Regierung zurück und sollte allen Australiern die Möglichkeit bieten, ihrer Trauer über die »tragische Episode Ausdruck zu geben«, aber auch den »Beginn eines neuen gegenseitigen Verstehens« zu feiern. Die Anregung zu dieser Empfehlung war

von den Aborigines gekommen, die meinten, ein solcher Tag werde manchen von ihnen neue Hoffnung geben, denn unter den Aborigines gibt es viele verzweifelte Menschen. In ihrer Antwort hat die australische Regierung die Ungerechtigkeit ihrer Politik zugegeben. »Eine Entschuldigung ist der Beginn des Heilungsprozesses«, erklärte der Präsident der parlamentarischen Untersuchungskommission, Sir Ronald Wilson. Die Untersuchung der Lebensumstände der Aborigines habe sich von allen anderen Studien unterschieden, die er je unternommen habe und die vornehmlich intellektuelle Übungen gewesen seien, erklärte Wilson.

Trotz dieser Ankündigungen sind die Rechte der Aborigines auch heute immer noch bedroht, die spärlichen Landrechte, die man ihnen in den siebziger Jahren des 20. Jahrhunderts widerwillig zugestand, will man ihnen aus wirtschaftlichen Gründen wieder wegnehmen. Der Abbau von Uran oder Bauxit gilt als wichtiger als die Rechte der Aborigines an ihrem Land.

Dürfen wir zulassen, daß die älteste lebende Kultur der Menschheit endgültig vernichtet wird? Dürfen wir zulassen, daß das letzte lebendige Erbe aus einer Zeit, als sich die Mächte der Schöpfung und die Menschheit noch näher standen, für immer verloren ist?

Anhang

Glossar

In diesem Glossar sind die für dieses Buch wesentlichen – auch *nicht*-aboriginalen – Grundbegriffe erläutert und, wo es sinnvoll ist, überdies mit einigen beispielhaften Namen aus dem aboriginalen Wortreichtum bezeichnet.

Alcheringa – Tjukurrpa – Wangarr
Diese Begriffe sind – neben vielen anderen – Bezeichnungen für das in glossarischer Kürze schwer zu fassende Phänomen der »Traumzeit«. Sie beziehen sich auf eine metaphysische Ebene der Wirklichkeit und stehen für das, was während der Traumzeit geschah, sowie auch für die »Innenseite der Wirklichkeit«, die unter ihrer Oberfläche existiert. *Alcheringa* bezeichnet zudem das Vermächtnis dieser heiligen Schöpfungszeit, keine tote Erinnerung, sondern lebendige Wirklichkeit.

Baiame – Ekarlawan – Mangela
Baiame ist das, was wir in unserer Kultur gemeinhin *Gott* nennen – Gott als den Urgrund der ganzen Welt. Doch im Gegensatz zu unserem jüdischen, christlichen oder muslimischen Gott, dem Allereinzigen, der die Welt auch selbst geschaffen

hat, hat *Baiame* keinen praktischen Anteil an der Erschaffung der Welt. Er ist zwar der letzte Grund aller Dinge, er ist Besitzer all dessen, woraus eine Welt entstehen kann, aber er stellt sie nicht selber her (s. a. *Demiurg*).

Birrimbirr-Seele

Die *Birrimbirr*-Seele ist der unsterbliche Teil des menschlichen Geistes und verschmilzt nach dem Glauben der Aborigines wieder mit dem Geist und der Macht des Schöpferischen Ahnen, aus der heraus die geistige Existenz des Individuums geboren wurde.

Churinga

Eine Churinga ist ein heiliger Gegenstand, ein Artefakt, in dem sich die transzendente Identität und Zugehörigkeit eines Menschen gleichsam auf materieller Ebene ausdrückt. Die Churinga versinnbildlicht mehr als jeder andere heilige Gegenstand das Erbe der Schöpferischen Ahnen und die Verbundenheit des Menschen mit den Schöpferwesen aus der Traumzeit.

Demiurg

In der Sichtweise der Gnostiker, einer breiten religiösen Strömung, die in der europäischen Antike entstand, ist der *Demiurg* der Gott, der den Kosmos »hergestellt«, ihn also praktisch *geschaffen* hat. Er ist nicht der *Urgrund* der Welt, sondern er ist selbst das *Geschöpf* einer über ihm existierenden höheren Macht, des *Ersten Äons.* Diesem entstammen die Grundbestandteile der Welt, aus denen der *Demiurg* den Kosmos »herstellt«. Diese Ansicht ließ sich nicht mit der jüdischen, christlichen und muslimischen Lehre vom einzigen und allmächtigen Schöpfergott vereinbaren und wurde als Blasphemie scharf bekämpft (s. a. *Die Gnosis*).

Djang – Malagi – Wunggud

Djang ist die alles durchwirkende göttliche Lebenskraft, die metaphysische Energie der Ahnen aus der Traumzeit, mit der sie alles geschaffen und belebt haben. *Djang* ist auch ein Funke dieser göttlichen Energie in den tiefsten Schichten des Unbewußten unseres Geistes. Die Schöpferischen Ahnen ließen an manchen Orten Teile dieser Kraft zurück, und diese *Djang*-Stätten sind die höchsten Heiligtümer der Aborigines – keine toten Denkmäler, sondern buchstäblich sprudelnde Lebensquellen, aus denen alle Aborigines psychische Energie und Identität schöpfen.

Emanation

In der Philosophie des *Neuplatonismus*, einer bedeutenden Religionsströmung der Spätantike, gilt die gesamte Welt als eine *Emanation*, eine *Ausströmung* eines höchsten Prinzips, das man als das Eine, als Gott oder auch völlig anders nennen kann. Diese Emanation aus dem Göttlichen schafft verschiedene Ebenen der Wirklichkeit, deren Bedeutung mit ihrer Nähe zum Göttlichen steigt. Die *erste* Ausstrahlung ist der *göttliche Geist*. Aus dem Geist entströmt als *zweite* Emanation die *Weltseele* als eine die Materie formende Kraft. Als *dritte* Emanation existiert unsere stoffliche, physikalische Welt.

Die Gnosis

Die religiöse Bewegung des Gnostizismus, oft verkürzt *Gnosis* (gr. *Erkenntnis*, *Wissen*) genannt, erfaßte im zweiten nachchristlichen Jahrhundert weite Kreise. Es war keine in sich geschlossene religiöse Gemeinschaft, sondern eine religiöse Strömung, in der sich ägyptisches, jüdisches, platonisches, neuplatonisches, christliches, orientalisches und hinduistisches Gedankengut mischen. Zum Wesen der *Gnosis* gehört, daß der Gedanke der Reinkarnation im gesamten Spektrum des Gnostizismus weit verbreitet war. Ebenso bedeutend ist, daß in gnostischer Sichtweise der wirkliche Urgrund alles Seienden nicht der personale Schöpfergott ist – der Gott der Juden, Christen und Muslime –, sondern eine ursprüngliche Einheit, ein ewiges Prinzip oder auch ewiges Wesen, der *Erste Äon* (gr. *aion*, Ewigkeit). Die Gedanken der Gnostiker sind bis heute lebendig geblieben; in der Moderne prägten sie die neugnostischen Bewegungen der Theosophen und Anthroposophen und auch andere New-Age-Lehren.

Karadji – Mekigar – Wiri-nan – Bug-nja

So und anders nennen die Aborigines ihre Schamanen, die in ihrer Kultur die Funktionen von Ärzten, Philosophen und Magiern erfüllen. *Bug-nja* bedeutet soviel wie »Geist des Wirbelwindes«, und von einem *Bug-nja* sagt man, daß sein geistiges Selbst in einem »Wirbelwind« an Orte reisen könne, die gewöhnlichen Menschen während ihres irdischen Daseins absolut unzugänglich sind. Im Englischen nennen die Aborigines ihre Schamanen meist verallgemeinernd *Clever Men*.

Kunukban – Warlu – Jarapiri

Die *Regenbogenschlange* oder auch *Große Schlange* ist das bedeutendste schöpferische Ahnenwesen, das in der Traumzeit wirkte. Sie hat auf vielfache Weise die Landschaft gestaltet und ist für die Aborigines grundsätzlich das *Prinzip der Manifestation*: ein »Vermittler« zwischen dem großen göttlichen Geist und der »sichtbaren Seite« der Wirklichkeit, unserer stofflichen Welt.

Mokoy-Seele

Die *Mokoy*-Seele entspricht ungefähr dem, was wir in unserer Welt »Psyche« nennen, denn sie ist an die Dinge dieser Welt gebunden, an Beziehungen zu Partner, Verwandten, Freunden. Es ist jene geistige Kraft, die uns an das Endliche, das Irdische bindet. Aborigines nennen die *Mokoy* auch »den Schatten«, der nach dem Tod vergeht.

Songlines – Traumpfade

Die Traumpfade sind Reiserouten der Schöpferischen Ahnen aus der Traumzeit, als sie in tierischer, menschlicher oder sonstiger Gestalt über die Erde wandelten und deren Oberfläche gestalteten. Manche Orte, an denen sie wirkten, sind Heilige Orte. An ihnen hinterließen sie einen Quell ihrer Lebensenergie. Der gesamte australische Kontinent ist überspannt mit einem unsichtbaren Netzwerk von Wegen zwischen solchen *Djang*-Stätten: den Traumpfaden. In den Mythen der Aborigines sind diese Pfade in Liederzyklen beschrieben, daher der englische Name *Songlines*.

Upanishaden

Eine Sammlung religiöser Schriften des Hinduismus, die aus der Epoche von etwa 750 bis 500 v. Chr. stammt. Der wesentliche Inhalt ist die Lehre von *Brahman*, dem metaphysischen Urgrund der Welt, und *Atman*, dem innersten geistigen Kern des Menschen, seiner unsterblichen Seele. Die individuelle Seele

(*Atman*) ist *Teil* der großen Weltseele (*Brahman*), und in jeder Einzelseele ist die Weltseele gegenwärtig. Ebenso ist der Gedanke der Reinkarnation und Seelenwanderung essentieller Bestandteil der Upanishaden. Der deutsche Philosoph, Schriftsteller und notorische Pessimist Arthur Schopenhauer nannte die Upanishaden »die belohnendste und erhebendste Lektüre, die in der Welt möglich ist«.

Yingarna
Die metaphysische, lebenspendende Regenbogenenergie: Der Regenbogen gilt bei den Aborigines traditionsgemäß als eine Verbindung zwischen der unsichtbaren geistigen Welt und der Welt der materiellen Erscheinungen. Der Regenbogen steht auch für die Verschmelzung von zwei elementaren Prinzipien, er verbindet Geist und Materie. Bei den Kogai, einer Volksgruppe im Südosten Australiens, heißt der Regenbogen deshalb auch *Nabal ane tumbila*, das »Feuer Gottes«. Analog dazu symbolisiert er auf psychologischer Ebene den Übergangsbereich vom Bewußtsein zum Unbewußten beziehungsweise den Rand des Unbewußten, dessen Inhalte im Traum sichtbar werden können.

Yuti und Tjukurrtjana
In der Sprache des *Pintupi*-Volkes bezeichnet das Wort *Yuti* die für uns wahrnehmbare, physikalische Welt, die irdische Ebene der Wirklichkeit. Nur *ganz konkrete* Erscheinungen, die mit einem oder mehreren der fünf Sinne wahrgenommen werden, gehören zu *Yuti*. Es ist auch ein Begriff für die »äußere Seite« der Erscheinungen, hinter der noch eine andere, tiefere Wirklichkeit steht. Diese Ebene der Welt ist *Tjukurrtjana*, die Wirklich-

keit der Traumzeit, in der die metaphysischen Dinge geschehen. Eine dazwischen liegende Ebene der Abstraktionen und Klassifizierungen, die für *unser* Denken typisch ist, lehnen die Aborigines ab.

Literaturhinweise

Harvey Arden – Steve Wall: *Dreamkeepers*, New York 1995

C. H. Berndt: *Land of the Rainbow Snake*, Collins, Sydney 1979

R. M. Berndt und C. H. Berndt: *The World of the First Australians*, Canberra 1988

Hans Dieckmann: *Träume als Sprache der Seele. Einführung in die Traumdeutung der Analytischen Psychologie C. G. Jungs*, Fellbach 1978

H. Driessen und H. De Jonge: *In de ban van betekenis. Proeve van symbolische antropologie*, Nijmegen 1995

Christine A. Dyer: *Kunwinjku Art from Injulak*, Museum Art International, Adelaide 1994

A. P. Elkin: *Aboriginal Men of High Degree*, Rochester, Vermont 1977

Georg Forster: *Neuholland und die brittische Colonie in Botany Bay*, 1778, Bd.2

C. G. Jung: *Zur Psychologie sogenannter okkulter Phänomene*, Zürich 1966

C. G. Jung: *Welt der Psyche*, Frankfurt am Main 1990

C. G. Jung: *Seelenprobleme der Gegenwart*, München 1991

Claude Lévi-Strauss: *Das wilde Denken*, Frankfurt am Main 1973

Claude Lévi-Strauss: *Traurige Tropen*, Frankfurt am Main 1970

James Lovelock: *Das Gaia-Prinzip. Die Biographie unseres Planeten*, München 1991

C. Macknight: *The voyage to Marege. Macassan trepangers in Northern Australia*, Melbourne 1976

David Mowaljarlai und Jutta Malnick: *Yorro Yorro: Spirit of the Kimberleys*, Broome 1993

Mudrooroo: *Aboriginal Mythology*, London 1994

Oodgeroo Noonuccal: *Stradbroke Dreamtime*, Sydney 1993

K. Langloh Parker (Hg.): *Australian Legendary Tales*, Sydney 1974

Anne Pattel-Gray: *Through Aboriginal Eyes*, World Council of Churches Publication, Genf 1991

Plato: *Phaidros*, *Menon*, *Phaidon* in: Platons sämtliche Werke in 8 Bd., München 1974

Ludwig J. Pongratz: *Hauptströmungen der Tiefenpsychologie*, Stuttgart 1983

J. Robert: *Massacres to Mining: the Colonisation of Aboriginal Australia*, Melbourne 1981

Theodor G. H. Strehlow: *Aranda Traditions*, University of Melbourne Press, Melbourne 1947

W. Lloyd Warner: *A Black Civilisation. A social study of an Australian tribe*, New York 1937

Hanspeter Weigl: *Auf der Suche nach der unsterblichen Seele*, München 1999

B. L. Whorf: *Sprache*, *Denken*, *Wirklichkeit*, Reinbek bei Hamburg 1963

Charlotte Joko Beck

Zen im Alltag

»Zen im Alltag« bietet – im Vergleich zum traditionellen »Weg« – eine grundsätzlich neue Betrachtungsweise: Zen als Weg, um mit Alltagsproblemen gut zu Rande zu kommen. Zen als eine Einstellung, die uns bei Beziehungen, bei der Arbeit, bei unseren Ängsten und Leiden hilft. Charlotte Joko Beck, Leiterin des San Diego Zen-Centers, betrachtet die strenge klösterliche Zen-Tradition als überholt und präsentiert hier einen pragmatischen und undogmatischen Übungsweg.

Sunzi

Die Kunst des Krieges

Sei es der Weg zum Sieg bei geschäftlichen Konflikten, Schlachten im Aufsichtsrat oder aber der tägliche Kampf ums Überleben, in den wir alle verwickelt sind – sie alle sind Formen des Krieges und folgen denselben Regeln, Sunzis Regeln.

Die Wahrheiten und Einsichten, die der chinesische Philosoph und General Sunzi vor 500 Jahren verfasste, haben auch heute nichts von ihrer Aktualität und Weitsicht verloren.

Knaur
MensSana

Über den Autor:

Der niederländische Mythenforscher Robert Craan, geboren 1947, lebt und arbeitet in der Nähe von Amsterdam.